王锡苓 著

都市里的

DRIFTING AND SETTLING
IN THE CITY

漂泊与安住

新生代农民工
社交媒体使用及社会认同

Social Media Use and Social Identity
of the New-Generation Migrant Workers

社会科学文献出版社
SOCIAL SCIENCES ACADEMIC PRESS (CHINA)

前　言

　　从 2009 年开始接触北京皮村农民工自建文化的样态后，我便对这一群体及其生存状态产生了浓厚的兴趣。与之前我在西部乡村调研互联网对乡村生活发展的影响这一主题相关的是，他们是从乡村走出来的一群人，他们的身上既保留着乡村社会的印记，也在城市打工生活中逐渐被城市生活着色和浸染。这个交织着两种生活样态的群体，他们的生活是怎样的？他们在城市里怎样生活？今天，不管承认与否，我们的生活中几乎不能没有他们，快递小哥、保洁人员、建筑工人，还有餐厅酒肆服务人员，他们的劳动给城市生活带来方便舒适的体验。反过来，他们是否和城市人一样享受了应有的保障和福利？这是我做这个研究最本初的想法。

　　我们与北京皮村新工人中心和天津新市民工友文化服务中心的农民工交谈，以及在快递小哥集体宿舍、建筑工地、酒店服务室，甚至在个体经营者的店里，和他们聊天、访谈，倾听他们在城市打工生活里的收获和遗憾、欢喜和愁烦，他们对家乡的眷恋和对城市的向往，他们定居的打算和准备回乡的理由……生活像一面三棱镜，折射出生活本身的斑斓和沉重的色彩，对于他们来说，可能有比我们想象的多得多的窘况和无奈。他们需要关注，也需要言说。我曾经指导过新闻学院学生张建凤、罗晨等同学的一项社会调查，调查对象是北京环卫工人，调查报告名称是《聆听"橙"寂》，其中，"橙"指的是环卫工人马甲上那一抹与朝霞同样的颜色。同学们做这个调查的目的是呼吁社会给予环卫工人关注和尊重。这个报告的名字印在我的心里，尽管它出自初出茅庐的年轻学子之手，却成了我心中明亮的暖色。《都市里的漂泊与安住》同样是呼吁关注和尊重农民工的一篇记述，希望唤起更多人看到自己身边的"他们"。

本书包括六章，绪论部分说明为什么研究这一问题，使用的核心概念、理论，以及采用的研究方法。第一章运用调研资料描摹京津冀三地新生代农民工的形象。第二章对他们的自我认知和社会认同的基本状况进行描述，以便探析其社会认同的路径。第三章涉及新生代农民工使用社交媒体建构的社会关系网络及其社会资本。在媒介化社会，移动互联网嵌入新生代农民工的日常，农民工建构起城市社会关系网络，拥有了一定的社会资本，助其实现社会融合和社会认同。第四章借鉴社会学领域的社会认同理论及其模型，将社交媒体使用及人际交往纳入模型。在社会认同全模型中引入社交媒体使用和人际交往作为外生变量后，社会认同全模型发生了变化，地域认同成为最先受到影响的变量，并直接影响职业认同和群体认同，间接影响文化认同和地位认同。"在地凝聚"所凸显的意义，促使政策制定者打造"在地凝聚力"，让农民工的工作地成为他们认同的"第二故乡"。这是本章的发现和价值所在。第五章关注了新生代农民工中的女性群体，探究她们在城市里的工作、生活和自我意识。第六章分析了北京皮村新工人中心创办的微信公众号"皮村工友"的全部推文，推文以文学、诗歌、音乐、大地民谣等为内容，建构其公共空间，讲述农民工群体鲜活的故事，探究在媒介化生态环境中，打工群体的主体性、社会环境以及公众号"皮村工友"群像相互建构的关系。

写初稿期间，整理了5年前的调查照片，看到一张和学生们出发前往皮村时在学校北门口的合影。走出校园，走向社会，带着责任感和使命感，是我想带给学生们的理念。如今感受到，不仅新生代农民工融入城市生活还在路上，我们的研究也一直在路上。

本书的调研获得新闻学院多位硕士研究生、本科生的热心帮助，才

笔者与研究生刘一然、张曦萌、梁姗姗、史若天、姜若雪、田梦迪和郑诗雨去北京皮村调研

使课题所需资料的收集工作得以顺利完成。时光荏苒,参与这一工作的同学都已完成学业,毕业离校。他们是舆论学专业的硕士研究生刘泽宇、史若天、姜若雪,媒体市场研究方向的梁姗姗、田梦迪、柴梓、刘陈晓、李钊,传播研究方法方向的刘一然、张曦萌,媒体市场调查与分析专业的本科生郭宇鑫、展浩博、陶逸飞、李紫乔。后期博士生崔家勇、佟亚云在整理资料等方面给予了大力支持。

这项研究即将付梓,在电脑上一遍遍修改文稿的时刻,眼前浮现出他们青春的身影、笑貌和实地调查中的一幕幕场景,大家顶着高温、骑着共享单车,穿梭在石家庄、天津和北京的大街小巷,头戴安全帽和建筑工人一起进入楼体,目睹工人挥汗劳动,在街头巷口和快递小哥席地而坐、聊天谈话……不仅倾听农民工的工作经历、生活感受,也在理解农民工的情感与责任,同时思考社会的现实真相和人生的意义。我们收获的不仅是辛劳的汗水、师生间的友谊,还有心灵的成长和对农民工的关心与同情。这些都将沉淀为内心的力量,伴随一生。

在存储照片的文件夹中找到一张调查第一日同学们齐聚石家庄的合影,放置于前言,向参与调查的同学们致以诚挚的谢意!

"大鹏一日同风起,扶摇直上九万里。"祝福同学们在未来路上,青春飞扬，踏浪前行！

笔者和课题组成员在石家庄，从左至右为刘泽宇、梁珊珊、郭宇鑫、田梦迪、展浩博、
陶逸飞、张曦萌、史若天、俞慧珊、姜若雪、李紫乔、刘一然

感谢社会科学文献出版社张建中老师的悉心指导，感谢北京市哲学社会科学基金资助！感谢中国传媒大学新闻学院的帮助！本研究的完成得益于众多师友的帮助和支持，在此深表诚挚的谢意！由于笔者学识浅疏，文中错误和不到之处，望广大读者批评指正。

王锡苓
2022 年夏末于北京

目　录

绪　论 ……………………………………………………………… 1

　一　问题源起 ………………………………………………… 1

　二　研究问题和研究意义 …………………………………… 4

　三　研究思路 ………………………………………………… 14

　四　研究方法和研究步骤 …………………………………… 17

第一章　京津冀地区新生代农民工群画像 …………………… 21

　一　新生代农民工群体的特征 ……………………………… 21

　二　京津冀三地新生代农民工的群体特征 ………………… 22

　三　他们如何使用社交媒体 ………………………………… 29

　四　他们的梦想和现实 ……………………………………… 35

第二章　新生代农民工的自我认知和社会认同 ……………… 40

　一　社会认同的已有研究回顾 ……………………………… 40

　二　新生代农民工的自我认知 ……………………………… 42

　三　社会认同的面向 ………………………………………… 56

第三章　新生代农民工的社交媒体使用与社会资本 ………… 83

　一　社交媒体使用与社会资本研究的回顾 ………………… 84

　二　打工服务中心的社会关系网络 ………………………… 87

　三　社交媒体使用与社会资本建构 ………………………… 95

第四章　社交媒体使用与社会认同的路径分析 …………… 104

　　一　社交媒体嵌入新生代农民工的日常 ………… 104

　　二　社会认同理论框架和研究假设 ……………… 106

　　三　建构社会认同模型 …………………………… 110

　　四　社交媒体对社会认同的影响路径 …………… 116

第五章　新生代女性农民工的自我认识 ………………… 121

　　一　新生代女性农民工的研究回顾 ……………… 122

　　二　新生代女性农民工的基本情况 ……………… 123

　　三　"依附意识"有弱化倾向 …………………… 129

　　四　女性自我认识的逐渐觉醒 …………………… 132

第六章　新生代农民工的自我表达与形象建构 ………… 138

　　一　媒介化理论及相关研究 ……………………… 139

　　二　"皮村工友"的背景及其内容 ……………… 145

　　三　"皮村工友"的四个发展阶段 ……………… 150

　　四　自我赋权之可能 ……………………………… 155

　　五　小结 …………………………………………… 157

参考文献 ………………………………………………… 159

附　录 …………………………………………………… 164

　　一　问卷部分 ……………………………………… 164

　　二　深访记录 ……………………………………… 192

绪　论

一　问题源起

京津冀地域面积 21.6 万平方公里，人口 1.1 亿，是我国经济最具活力、开放程度最高、创新能力最强、吸纳人口最多的区域之一，其战略地位十分重要。2016 年，京津冀以全国 2.3% 的国土面积，承载了全国 8% 的人口，贡献了全国 10% 的国内生产总值。全国有 25% 的外商直接投资落地这一区域，研发经费支出占全国的 15%。2011 年 3 月，国家"十二五"规划纲要发布，提出"打造首都经济圈"战略构想，拉开了京津冀协同发展的序幕。2014 年 2 月 26 日，习近平在北京主持召开座谈会，听取京津冀协同发展工作汇报后强调，实现京津冀协同发展，是面向未来打造新的首都经济圈、推进区域发展体制机制创新的需要，是探索完善城市群布局和形态、为优化开发区域发展提出示范和样板的需要，是探索生态文明建设有效路径、促进人口经济资源环境相协调的需要，是实现京津冀优势互补、促进环渤海经济区发展、带动北方腹地发展的需要，是一个重大国家战略，要坚持优势互补、互利共赢、扎实推进，加快走出一条科学持续的协同发展路子来。①

京津冀协同发展带来了重大机遇，也面临诸多困难和问题。一是强"核"任务任重道远，北京"大城市病"突出，水资源匮乏，人口规模已近"天花板"，发展面临诸多挑战；二是发展不平衡问题严峻，京津两极过于"肥胖"，周边中小城市过于"瘦弱"，区域内部差距和城乡差

① 《习近平主持召开座谈会听取京津冀协同发展工作汇报》，中国政府网，2014 年 2 月 27 日，http://www.gov.cn/gov web/ldbd/2014-02/27/content_2624901.htm。

距依然较大；三是发展不充分问题突出，在全国发展中的优势有所下降。在此基础上，《京津冀蓝皮书：京津冀发展报告（2019）》指出，缩小区内差异、实现均衡发展，提升发展水平、实现充分发展，完善协同机制、构建利益共同体，是今后的重要任务。[1]京津冀协同发展，是笔者开展和完成课题的宏观背景和逻辑起点。推动京津冀协同发展，有利于破解首都发展长期积累的深层次矛盾和问题，优化提升首都功能，探索人口经济密集地区优化开发模式；有利于破除隐形壁垒、打破行政分割，实现优势互补、一体化发展，为全国区域协调发展体制机制创新提供经验。[2]

京津冀协同发展创造了大量劳动力流动的机会，"城市新移民"增多。近年来，流入城市的农村劳动力人口呈现越来越年轻化的态势，新生代农民工逐渐成为农村流动人口的主体力量。新生代农民工指20世纪80年代后出生在农村、移入城市的年龄较轻的农民工。据国家统计局的报告，截至2017年，全国农民工总量达28652万人（见图0.1）。1980年及以后出生的新生代农民工逐渐成为农民工主体，占全国农民工总量的50.5%，比上一年提高0.8个百分点（见图0.2）。

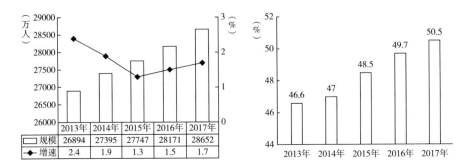

图 0.1　2013~2017 年全国农民工规模及增速　图 0.2　2013~2017 年新生代农民工占比

说明：使用 2017 年数据的原因是本研究进行实地调研的时间为 2017 年 6~7 月。

资料来源：国家统计局网站。

---

[1] 《〈京津冀蓝皮书：京津冀发展报告（2019）〉发布》，光明网，2019 年 7 月 1 日，http://difang.gmw.cn/bj/2019-07/01/content_32964239.htm。

[2] 蔡奇：《推动京津冀协同发展》，《人民日报》2017 年 11 月 21 日。

农民工中，小学文化程度的占 13%，初中文化程度的占 58.6%，高中文化程度的占 17.1%，大专及以上文化程度的占 10.3%，大专及以上文化程度的农民工所占比例比上一年提高 0.9 个百分点。外出农民工中，大专及以上文化程度的比例为 13.5%，同比提高 1.6 个百分点。另外，受过农业或非农职业技能培训的农民工占 32.9%，与上年基本持平。其中，接受非农职业技能培训的占 30.6%，比上年下降 0.1 个百分点；接受农业技能培训的占 9.5%，比上年提高 0.8 个百分点；农业和非农职业技能培训都参加过的占 7.1%，比上年提高 0.6 个百分点。其中，本地农民工接受农业或非农职业技能培训的占 30.6%，比上年提高 0.2 个百分点；外出农民工接受农业或非农职业技能培训的占 35.5%，比上年下降 0.1 个百分点。

新生代农民工与其父辈之间有着十分明显的代际差异，他们生长在与父辈迥然不同的社会和媒介环境中。与其父辈相比，他们接受过较高程度的教育，较少或没有务农经历，乡村记忆较为淡薄，融入城市的向往更为迫切，"失根"现象更为严重。这个规模庞大、散落在城市的建筑工地、餐厅酒楼、工厂企业和超市商场的群体，为城市的建设与发展辛勤工作，挥洒着自己的青春和汗水，城市的繁荣和推进离不开他们的奉献。他们离开故土，工作、生活在城市，但在公共话语空间，却很少听到他们的声音，仿佛是"隐身的存在"。他们辗转于城市边缘，失声于公共空间，如何发掘他们的现实处境和生活状态，是研究者普遍关心的问题。他们对工作和生活的城市的认同和表达，决定着其对城市生活的融入方式和融入程度，进而影响城市社会的稳步发展。

随着智能移动终端遍及生活各个方面，媒介技术在建构人与人之间的关系中发挥着越来越突出的作用。据调查，截至 2021 年 12 月，中国网民人数为 10.32 亿人，其中农村网民 2.84 亿人，占网民整体的 27.5%，农村地区互联网普及率为 57.6%。我国网民使用手机上网的比例达 99.7%，为 10.29 亿人；使用电视上网的比例为 28.1%；使用台式电脑、笔记本电脑、平板电脑上网的比例分别为 35.0%、33.0%、27.4%。[①] 手机不断挤占其他个人上网设备的空间，使网民上网设备进一步向手机端集中，移动互联网塑造着全新的社会生活形态。较之以往，媒介生态格局发生急剧变迁，促使人们不断审视媒介化生态格局下，新生代农民工在移动终端如何使用社交媒体，以及这种遍及日常生活的社交媒体使用、人际交往如何影响他们对城市生活各个领域的了解、接触和认同。中国一线城市聚集了最有活力的新生代农民工群体，京津冀协同发展的战略部署进一步加快了三地经济的快速发展。

二 研究问题和研究意义

第七次人口普查数据显示，我国流动人口为 3.76 亿人，与第六次人口普查相比，十年间流动人口增加 1.54 亿人，增幅达 69.73%。[②] 流动人口不断增加的原因之一是城市化进程的推进。大规模流入城市务工的农村居民被称作"农民工群体"，他们在城市建设和提供城市服务等方面发挥着重要的作用，但同时，其社会融入问题也成为社会学、人口学、经济学、公共政策等多学科关注的焦点。对于农民工而言，融入城市固然与户籍准入、经济状况等客观条件相关，但其主体性仍不容忽视。从心理层面上看，获得"制度平等"的外来人口仍有可能出现社会融入困难，并对本地身份缺乏认同。[③] 因此本研究关注京津冀农民工的社会认同情况，并分析在移动互联网时代农民工的社交媒体使用行为对社会认同产生的影响。

（一）社会融合与社会认同研究

社会融合是个体和个体之间，不同群体之间，或不同文化之间互相

---

① 《第 49 次〈中国互联网络发展状况统计报告〉》，中国互联网络信息中心网站，2022 年 2 月 25 日，http://www.cnnic.net.cn/hlwfzyj/hlwxzbg/hlwtjbg/202202/t20220225_71727.htm。

② 《第七次全国人口普查公报（第七号）——城乡人口和流动人口情况》，国家统计局网站，2021 年 5 月 11 日，http://www.stats.gov.cn/xxgk/sjfb/zxfb2020/202105/t20210511_1817202.html。

③ 崔岩：《流动人口心理层面的社会融入和身份认同问题研究》，《社会学研究》2021 年第 5 期。

配合、互相适应的过程。[①] 作为一个社会政策概念，社会融合起源于欧洲学者对社会排斥的研究，研究对象是社会底层群体或弱势群体，关注人与人之间、群体与群体之间的社会距离。西方学者在探讨族群之间的社会融合时往往会涉及移民议题。由于制度障碍和语言、文化、习俗、生活习惯、价值观等方面的差异，移民在流入当地社会后往往处于边缘化或隔离（segregation）的状态，产生无所归依的心理。[②] 随着居住时间延长，外来移民开始逐渐融入当地社会。对于其移居异文化社会后可能产生的融合状态，学界观点分为两个流派。其一是"同化论"，这一观点强调外来移民对当地主流文化的认同，以及对原有社会文化传统和习惯的抛弃。[③] 帕克（Robert Ezra Park）在研究美国东北部和中西部城市的族群时提出，族群间的互动在经历相遇、竞争、适应之后最终都会实现同化。20 世纪中叶，戈登（Milton M. Gordon）等人进一步完善了同化理论，在衡量民族关系时提出了 7 个阶段的同化，涵盖文化、社会结构、婚姻、身份认同、消除歧视等方面。[④] 其二是"多元论"，强调不同种族或社会集团之间享有保持差别的权利。[⑤] 20 世纪 70 年代以来，"多元论"兴起，学者认为当移入地文化具有更大的包容性时，新移民会倾向于维持原文化价值，同时重新塑造其身份认同、价值观念，从而形成多元文化共存的社会，反驳同化论学者提出的"民族熔炉"观点。

　　无论是"同化论"还是"多元论"，此类社会融合研究关注的均是族群间的交流互动状态以及由此形成的社会样态，未触及移居个体在新环境下的心理与身份建构。微观层面的社会融合理论关注心理建构，核心是认同与接纳。

---

① 任远、邬民乐：《城市流动人口的社会融合：文献述评》，《人口研究》2006 年第 3 期。

② 杨菊华：《从隔离、选择融入到融合：流动人口社会融入问题的理论思考》，《人口研究》2009 年第 1 期。

③ 张文宏、雷开春：《城市新移民社会融合的结构、现状与影响因素分析》，《社会学研究》2008 年第 5 期。

④ 黄匡时、嘎日达：《社会融合理论研究综述》，《新视野》2010 年第 6 期。

⑤ 李明欢：《20 世纪西方国际移民理论》，《厦门大学学报》（哲学社会科学版）2000 年第 4 期。

　　"认同"译自英文的"identity"一词。"identity"在英文中有多种含义，既包括客观的相似或相同特性，如相同的身份、相同的表现等，又包括心理认识上的一致性及由此形成的关系。认同是连接社会结构和个人行动的概念，[①] 而社会认同（social identity）是解释群体关系和群体行为的关键。社会认同指将个人和他人分辨开来的个人与社会特征，[②] 是"个体对其社会身份的主观确认"[③]。社会认同代表个体在社会融合过程中的一种心理状态，这种心理状态会促使个体采取积极融入或消极自我隔离的行为，最终影响社会融合的结果。布劳（Peter M. Blau）认为，流动的人如果不接受和建立新的角色属性，就不能适应他们的新位置。因此，社会认同对于个人融入社会、维护个人的本体性安全、防止本体性焦虑、确立生活和道德的方向感等均有重要作用。[④] 可见，社会认同研究旨在解决"我们是谁"的问题，关注个体如何主动积极融入群体。

　　20世纪70年代，泰弗尔（Henri Tajfel）和特纳（John C. Turner）在研究群体行为时提出社会认同理论（Social Identity Theory）。该理论认为，群体成员通过自己所从属、所依赖的群体来定义自己，从自己在群体中的成员身份上获得自我价值感和社会归属感，并且倾向于开展群际比较。[⑤] 社会认同理论的核心是两个社会认知过程：范畴化（categorization）和自我增强效应（self-enhancement）。前者有助于区分群体边界、识别群体成员，后者指人们进行群际比较时带来的积极的自我评价。社会认同理论运用社会范畴来表明社会的结构性特征，认为社会群体承受的驱动力和压力，使它将自身与其他群体区分开来，

---

① 周晓虹：《认同理论：社会学与心理学的分析路径》，《社会科学》2008年第4期。

② 赵志裕、温静、谭俭邦：《社会认同的基本心理历程——香港回归中国的研究范例》，《社会学研究》2005年第5期。

③ 张文宏、雷开春：《城市新移民社会认同的结构模型》，《社会学研究》2009年第4期。

④ 徐延辉、邱啸：《社会经济保障与农民工的身份认同》，《深圳大学学报》（人文社会科学版）2019年第2期。

⑤ Henri Tajfel, John C. Turner, "The Social Identity Theory of Intergroup Behavior," in J. T. Jost and J. Sidanius eds. *Political Psychology*：*Key Readings*（London：Psychology Press, 2004），pp. 276–293.

强调群际差异性和群内相似性。[①] 20 世纪 90 年代中期，社会认同理论被进一步丰富和系统化，延伸出新的小型理论。[②] 以最优特质理论（model of optimal distinctiveness）为例，该理论将社会身份视作与他人同化和区别这两种对立需求的调和物。根据该模型，个体在建构自我时为了避免过于个性化或过于包容而选择用独特的群体成员身份定义自己，这种自我归类为个体同时提供归属感和独特性，使个体产生强烈的社会认同和对群体的忠诚。[③]

在采用社会认同理论的视角分析社会融合时，豪格（Michael A. Hogg）和阿布拉姆斯（Dominic Abrams）指出，社会中的群体包括支配群体和附属群体，附属群体的成员持有消极的社会认同状态，进而导致较低的自尊。持有"社会流动"信念的附属群体成员相信群体之间的边界是可渗透的，他们倾向于抛弃其附属社会认同，转而偏向支配群体的社会认同，以及与之相伴随的有利的物质地位和积极评价；持有"社会变迁"信念的附属群体成员认为自己难以获得支配群体的资格，从而倾向于提升所属群体地位的策略，比如意识形态层面的社会创造，或具备实际反抗意义的社会竞争策略。[④] 这种支配群体—附属群体的区分在研究移民问题或我国流动人口的融合问题时同样具有参考价值。

（二）流动人口的社会融入与社会认同研究

我国关于流动人口问题的研究具有鲜明的时代烙印。早期研究多聚焦流动人口的特点、流动原因、宏观社会经济后果等。20 世纪 90 年代中期以后，流动人口的社会融入与适应问题受到学界关注，研究内容涵盖农民工在内的流动人口在城市中面临的制度排斥、社会排斥、社会歧

---

① Craig R. Scott, "Communication and Social Identity Theory: Existing and Potential Connections in Organizational Identification Research," *Communication Studies* 2 (2007): 123-138.

② 黄匡时、嘎日达:《社会融合理论研究综述》,《新视野》2010 年第 6 期。

③ M. B. Brewer, "The Social Self: On Being the Same and Different at the Same Time," *Personality and Social Psychology Bulletin* 5 (1991): 475-482.

④ 〔澳〕迈克尔·A. 豪格、〔英〕多米尼克·阿布拉姆斯:《社会认同过程》, 高明华译, 中国人民大学出版社, 2011, 第 24~27 页。

视、社会差异与相对剥夺感、社会交往网络与社区融合等。杨菊华对已有的流动人口社会融合研究进行述评，发现主要有三种假说。[①] 其一，再社会化说。该理论认为流动人口适应城市生活的过程实际上是再社会化的过程，强调经济、社会、心理或文化三个层面的融合，如田凯指出农民工适应城市生活必须具备 3 个方面的基本条件：（1）在城市拥有相对稳定的职业；（2）其职业能够带来一定经济收入，具有与流入地接近的生活方式而得以与当地人发生社会交往；（3）形成新的、与当地人相同的价值观。[②] 其二，新二元关系说。即新移民与城市社区的"二元关系"从相互隔离、排斥、对立，转向一种理性、兼容、合作的"新二元关系"。比如马西恒、童星提出新移民与城市社会融合须经历"二元社区"、"敦睦他者"和"同质认同"三个阶段，其中"敦睦他者"为过渡时期，新移民具有主动参与城市经济社会生活的意识和行动，同时城市居民的包容程度增加，这一时期为新移民正式获得城市社会的居民权，到达社会身份的"同质认同"阶段奠定社会和心理基础。[③] 其三，递进融合说。该理论提出流动人口在流入地的社会融合包括多个层面，且各个层面之间存在递进关系。例如，朱力认为农民工适应城市社会是一个由经济、社会、心理或文化层面依次递进的过程。[④] 风笑天对三峡农村移民的社会适应进行了研究，提出农村移民对新生活的适应从日常生活领域开始，然后是生产劳动与经济发展方面的适应，最后是主观感受层面的适应，发生心理融合，获得归属感。[⑤] 张文宏与雷开春的研究则显示了不同的融入顺序，认为白领城市新移民的心理融合、身份融合、文化融合和经济融合程度呈现梯次降低的走势，其中心理融合和身份融合程度相对较高，体现移居地"城市魅力"的效应，而方言与风俗习惯造

① 杨菊华：《从隔离、选择融入到融合：流动人口社会融入问题的理论思考》，《人口研究》2009 年第 1 期。
② 田凯：《关于农民工的城市适应性的调查分析与思考》，《社会科学研究》1995 年第 5 期。
③ 马西恒、童星：《敦睦他者：城市新移民的社会融合之路——对上海市 Y 社区的个案考察》，《学海》2008 年第 2 期。
④ 朱力：《论农民工阶层的城市适应》，《江海学刊》2002 年第 6 期。
⑤ 风笑天：《"落地生根"？——三峡农村移民的社会适应》，《社会学研究》2004 年第 5 期。

成了相对较低的文化融合程度，购房需求与实际购买率的差距导致其经济融合程度较低。[1] 上述三种假说的共同之处在于指出社会融入是多维度的，主要包括经济、社会、文化和心理等层面。

将国内学者对流动人口的社会融合研究与西方学者对移民的社会融合研究相比较可以发现，二者均将异地而居的研究对象视作相对本地居民而言的弱势群体，该群体在陌生的新环境中面临社会融合的问题。在共性之外，移民研究与流动人口的研究也存在差异：西方移民研究更多聚焦在语言、习俗、生活方式等文化融合方面，这一点在美国尤为突出；而国内由于主流文化和价值观的基本同一性，对外来流动人口群体的社会认同研究基本上淡化了文化融合的功能，突出了人际关系、社会参与以及价值观趋同的作用。

农民工作为"城市新移民"的主体，离开乡村进入城市，对城市的适应和认同不仅关涉到这一群体的自我发展，同时与城市的稳步发展以及城市群体的多元融合密切相关。如汪华、孙中伟认为，农民工从农村到城市打工谋生既是一个"现代化"的过程，也是一个逐步摆脱"乡土性"的进程。虽然在农民工移居城市的早期阶段，老乡关系是构建其社会资本的主要来源，但随着农民工更深入地参与城市生活，他们的乡土联系随之减少，老乡认同感下降。[2] 王桂新等的研究指出，农村人口迁向城市、由农民转变为农民工以后，继续经历着由农民工向城市居民转变的市民化过程，体现在居住条件、经济生活、社会关系、政治参与、心理认同5个维度上。[3]

当前，新生代农民工群体正逐渐替代其父辈，成为城市新移民的主要构成者。新生代农民工与老一代农民工最显著的区别在于，虽然他们被冠以"农民工"称号，但其中的大多数人对于农业生产并不熟

---

[1] 张文宏、雷开春：《城市新移民社会融合的结构、现状与影响因素分析》，《社会学研究》2008年第5期。
[2] 汪华、孙中伟：《乡土性、现代性与群体互动：农民工老乡认同及其影响因素》，《山东社会科学》2015年第2期。
[3] 王桂新、沈建法、刘建波：《中国城市农民工市民化研究——以上海为例》，《人口与发展》2008年第1期。

悉，对农村生活方式较为陌生，对农村传统文化的认同也较为淡漠。其就业经历和成年后的生活经历更多地与城市联系在一起，因此他们比老一代农民工有着更强烈的融入城市的愿望。① 已有研究表明，城市当地居民由于刻板化，会倾向于加剧对新生代农民工的排斥，二者之间缺乏相互沟通和接纳，使得新生代农民工易在城市中走向边缘化。② 在这种处境下，新生代农民工的社会认同出现模糊化及"内卷化"倾向：他们在日益脱离原有乡村社会的联系网络之时，却没有在流入城市重新构建起应有的社会关系网，当他们在城市生活中无法获得足够的社会资源时，只能更专注地投向同类群体，构建"内卷化"的社会认同。这样的社会认同状况决定了新生代农民工既难以融入城市，又难以回归农村，他们可能成为被城市社会和乡村社会双重边缘化的"边缘群体"。③ 因此，对新生代农民工的了解和调研就更具有紧迫性和必要性。

中央政府和北京市政府都提出了"十三五"发展规划纲要，强调推动京津冀协同发展，这势必为京津冀地区的农民工融入当地创造一定的环境和机遇，也为京津冀平衡发展资源、协同人口流动创立了平台。在这样的背景下进行这一主题的研究，有助于为京津冀协同发展战略的实施提供基本的科学数据来源和参照。京津冀地区新生代农民工的社会认同研究，对于政策的落实乃至推动，对于维护社会秩序稳定和文化构建，对于"新移民"如何融入城市生活、形成自我意识、提高自我认同和社会认同等方面都具有重要意义。

（三）流动人口的媒介使用行为

城市从来不是简单的经济体，它也是文化的创造与存储空间。④ 帕

---

① 刘丽：《新生代农民工"内卷化"现象及其城市融入问题》，《河北学刊》2012年第4期。
② 冯承才：《社会排斥和自我认同：新生代农民工城市生存困局研究》，《社会发展研究》2021年第1期。
③ 张祝平：《新生代农民工的生存状态、社会认同与社会融入：浙江两市调查》，《重庆社会科学》2011年第2期。
④ 复旦大学信息与传播研究中心课题组、谢静：《可沟通城市：网络社会的新城市主张》，《新闻与传播研究》2015年第7期。

克在研究美国的移民融入问题时以"交往"为侧重点，关注传播和大众媒介发挥的作用。他发现移民群体与本土居民间的关系从敌对到冲突、适应乃至同化，每一个阶段都伴随着个人和群体之间的接触、交流，即发生着人际传播和群体传播。同时，报刊作为当时新兴的大众媒介，对移民的同化起到了推动作用，因为移民报刊的作用主要是帮助新移民在北美生存，很少有报刊鼓励新移民对原先祖国忠诚。① 以帕克为代表的芝加哥学派学者立足城市这座天然的实验室，关注信息传递、媒介手段对交往格局的影响，被认为是传播学研究的早期探索者和践行者。

随着网络与信息技术的发展，"信息化城市""智慧城市""可沟通城市"等词语描绘了城市为人类生存与沟通协作赋能的理想图景。着眼于城市中的个体，当移动互联网普及千家万户，使用社交媒体进行通信、娱乐、信息获取等活动已成为人们日常生活中的习惯，这为流动人口的社会融入状态与社会认同建构带来新的变数。邱林川对中国信息社会进行考察和反思，发现信息传播技术的普及让社会中下阶层不仅能够使用互联网和手机，而且已开始成为新型传播工具的制造者、管理者、拥有者。② 将研究对象从社会中下阶层聚焦到国内的流动人口，有学者提出，国内新闻传播学界对流动人口的媒介使用研究主要沿袭两条路径：一是揭示流动人口的媒介使用特征；二是研究媒介使用行为对流动人口的观念、社会关系、社会融合、身份构建的影响。从第二条路径出发，媒介依赖理论指出，在文化休克（culture shock）的状态下，移民、离散人群受文化适应需求驱动，倾向于接触大众媒介，并反作用于文化适应结果。③

对于流动人口的媒介使用行为与社会融入之间的关系，有研究指出，流动人口使用媒介在一定程度上有利于促进其拓展社会网络、获取社会

---

① 胡锦山：《罗伯特·帕克与美国城市移民同化问题研究》，《求是学刊》2008 年第 1 期。

② 邱林川：《信息"社会"：理论、现实、模式、反思》，"北京论坛（2007）：文明的和谐与共同繁荣——人类文明的多元发展模式"，北京，2007。

③ 李娟：《视角与想象——西北少数民族流动人口中华民族共同体意识社交媒体涵化研究》，《西北师大学报》（社会科学版）2020 年第 3 期。

资本，从而更好地适应、融入当地社会。如李红艳认为，新生代农民工利用手机拓展了自己的社会关系网络，在虚拟现场中建立了新的社会关系，这种关系延展到真实的社会现实中成为新型社会关系，对他们适应城市生活产生推动作用。[1] 李升、黄造玉的研究呈现类似结论，认为生活中使用互联网的流动人口更不易感受到"被歧视"，这一方面是因为互联网的信息共享及交往互动等特征更有助于推进社会关系的构建，另一方面是因为使用互联网体现了流动人口在生活方式上融入城市社会的特征，这种同化有助于形成良性的社会关系。[2] 高涵从社会资本的角度出发，认为提高流动人口的社会资本是促进人口流动和社会融合的重要途径，而流动人口的媒介使用行为通过影响其社会参与、社会交往和社会信任，对其社会资本的建构起到积极作用。[3] 关于流动人口社交媒体使用行为与社会资本的关系，本书第二章将展开详细阐述。

上述观点在一定程度上体现了媒介与技术赋权的思想。赋权是一个过程，通过介入激发某个团体或个体的潜能，赋予其能力去实现自己的目标，最终实现社会平等。赋权的对象是弱权或者无权群体，赋予的"权"指一种能力。[4] 克劳斯·布鲁恩·延森（Klaus Bruhn Jensen）等认为，当人们使用社交媒介的技术形成超越结构和能动性的二分法，从而出现一种三元结构，传播将意义赋予源自过去的结构，也将意义赋予形塑未来的能动性。[5] 媒介技术不仅提供了建构现实制度化的手段，而且是技术赋权（内生动力与外力共同作用）的途径。

也有研究认为媒介使用行为对流动人口的社会融入鲜有助益。丁未、田阡通过研究深圳石厦村来自湖南攸县的出租车司机的媒介技术使用行

---

[1] 李红艳：《手机：信息交流中社会关系的建构——新生代农民工手机行为研究》，《中国青年研究》2011年第5期。

[2] 李升、黄造玉：《流动人口的"被歧视"问题研究——基于一项对北京城中村的调查》，《北京社会科学》2017年第3期。

[3] 高涵：《媒介使用与流动人口的社会资本构建》，《河北大学学报》（哲学社会科学版）2014年第4期。

[4] 郑欣、王悦：《新媒体赋权：新生代农民工就业信息获取研究》，《当代传播》2014年第2期。

[5] 克劳斯·布鲁恩·延森、曾国华、季芳芳：《界定性与敏感性：媒介化理论的两种概念化方式》，《新闻与传播研究》2017年第1期。

为发现，新媒介的使用虽然为攸县出租车司机提供了拓展、突破社会关系边界的可能性，但现实中媒介没有起到扩大攸县出租车司机人际传播范围的作用，反而令他们退缩到更接近核心的关系圈内，他们利用现代媒介技术形成、维系、加固脱胎于乡土社会血缘、地缘关系的社会关系圈，并与城市人"保持着严格的心理界限"。[1] 陈娟的研究聚焦社交网络，认为农民工通过社交网络建立起的社会关系是一种"类似鸦片式的虚拟环境"，虽然有助于农民工抵抗孤独感，但无助于他们对这个社会进行理性判断，实现社会认同与融合。[2] 上述研究往往不否认媒介使用在拓展流动人口交往网络方面的作用，但认为现实中媒介使用对于流动人口增加公共参与、融入城市的帮助十分有限。针对这种现象，虞鑫和张鹏翼解释道，虽然使用社交媒体会提高个体的媒介素养知识和技能，但由于当今世界个人主义思潮活跃，个体更倾向于关注自身感受，"整个社会的公共性在逐渐消逝"，使用社交媒体并没有提高用户参与公共事件和公共话题的积极性，用户"公共交往"的意愿反而降低了。[3]

鉴于已有的研究成果，笔者认为，新生代农民工使用社交媒体的目的是获取所需信息、建构社会关系网络。通过互联网建构的社会关系网络与线下社会关系网络一起，发挥着某种群体凝聚、价值趋同的作用，最终对新生代农民工的社会融入及社会认同产生重要影响。

（四）提出问题

综上所述，本研究拟使用社会认同理论分析新生代农民工的社会认同，探究社交媒体使用行为和人际交往网络对社会认同建构的影响。研究问题包括：

---

[1] 丁未、田阡：《流动的家园：新媒介技术与农民工社会关系个案研究》，《新闻与传播研究》2009 年第 1 期。

[2] 陈娟：《城市融合：媒介与新生代外来工的社会关系研究》，《南京社会科学》2014 年第 4 期。

[3] 虞鑫、张鹏翼：《媒介公共性的"理解—交往"悖论——基于结构方程模型的实证分析》，《新闻界》2018 年第 2 期。

第一，京津冀新生代农民工的群体特征是什么？

第二，京津冀新生代农民工社交媒体使用状况如何？

第三，新生代农民工社会认同的影响因素有哪些？

第四，以上因素如何影响新生代农民工的社会认同？

第五，新生代农民工中女性农民工的自我感知和社会认同是怎样的？

第六，借助社交媒体，新生代农民工如何构建自我形象？

通过调查研究的方式考察京津冀地区新生代农民工的自我认知、媒介使用和社会认同等现实状况，不仅具有重要的理论意义，而且具有重大的现实意义。一方面，开展本课题研究有助于考察新生代农民工的社交媒体使用状况和社会关系网络，确定新生代农民工的社交媒体使用与社会认同究竟存在何种关系，同时将社会资本纳入社会认同的研究框架进行分析，这一尝试在社会认同研究和社会资本研究中都具有一定的学术探讨价值。另一方面，京津冀协同发展作为一项国家重大战略，为京津冀平衡发展资源、协同人口流动创立了平台，本研究的开展有助于厘清这一重大战略背景下新生代农民工所面临的机遇和问题，促进其在新媒体生态环境下的社会认同和社会融合。本研究可为相应的决策部门提供科学数据和据此思考的建议。

三 研究思路

本书研究对象为在京津冀地区务工的新生代农民工。这一年轻群体相较其"父辈"农民工而言，文化程度较高，务农经验较少甚至毫无经验，"根"的意识较为淡薄，制度性身份认同比较淡漠。除了代际差异外，新生代农民工在新的历史条件、媒介环境下形成了京津冀地区一线城市务工者独有的特点。因此，研究路径从该群体在新媒体环境和城市生活背景下使用社交媒体的情况入手，借鉴社会学、传播学、社会心理学的相关理论，分析该群体社交媒体使用与其社会认同的作用关系，包括运用社交媒体构建线上、线下社会关系网络，嵌入关系网络中的社会资本带来的影响，以及女性农民工群体的自我认识，等等。

第一，社交媒体的主要功能是获取和传播信息，并由此建构社会关系。据已有研究，新生代农民工使用较多的社交媒体是微信、QQ以及微博等，他们经常在这些社交媒体浏览信息或与他人交流。不少人通过微信、QQ、微博等建构了相应的关系，如微信好友／微信群、QQ好友／QQ群、微博粉丝等，这些关系共同构成该群体获取信息、交流情感、进行社会交往的关系网络。人的社会行为除了受其社会属性影响外，社会关系也是不可或缺的结构性因素。因此，衡量人的社会行为，需要从社会属性和社会关系两个面向来考虑。新生代农民工通过社交媒体建构的社会关系有助于他们获取所需的信息，进行娱乐和交流，与此同时，嵌入社会关系网络中的社会资本，对使用者的认识和认同发生影响。

第二，社会资本，即"实际或潜在的资源的集合，这些资源是与一个相互熟识和认可的、具有制度化关系的持久网络的拥有者——一个群体的成员身份——联系在一起"。它可以被操作化地定义为"行动者在行动中获取和使用的嵌入在社会网络中的资源"。① 本研究采用"乡土社会网络"和"新型社会网络"，前者指带入城市的乡土关系网络，后者指在城市工作和生活中建立起来的新型网络。② "乡土社会网络"在一定程度上承载着新生代农民工对原住地的社会记忆。本研究假定"新型社会网络"及嵌入其中的社会资本，相较于"乡土社会网络"能够带给新生代农民工更多的工作、生活信息和资源，有助于他们消除由经济、社会、文化和心理差异带来的隔离感，弱化对乡土生活的依赖，增进新生代农民工对城市的社会认同。

第三，社会认同是个体对其"社会身份"（social identity）的主观确认，某个社会群体中的成员通过自己所从属、所依赖的群体来定义自己，从自己在群体中的成员身份上获得自我价值感和社会归属感，并进行群

① 〔美〕林南：《社会资本：关于社会结构与行动的理论》，张磊译，上海人民出版社，2005，第24页。
② 蔡禾、曹志刚：《农民工的城市认同及其影响因素——来自珠三角的实证分析》，《中山大学学报》（社会科学版）2009年第1期。

际比较。对于社会身份认同在研究分析中如何测量这一问题，社会学家亨廷顿给出了以下六个维度：（1）归属性的；（2）文化性的；（3）疆域性的；（4）政治性的；（5）经济性的；（6）社会性的。按照费孝通"多元一体"的概念，个体作为能动的行动者，通过不懈的认同努力，缔造自身独特的"多元一体"完整生命。已有社会学实证研究表明，除政治性之外，人们在其他 5 个维度的社会身份认同具有内在一致性和差异性倾向。①

有鉴于此，本研究采用以下维度对社会认同进行测量：（1）群体认同——指新生代农民工将所属群体视为本地人或外地人的身份认同；（2）文化认同——指新生代农民工对生活城市文化的认同；（3）地域认同——指新生代农民工对所生活城市作为未来居住地的认同；（4）职业认同——指新生代农民工对当前在城市所从事职业的认同；（5）地位认同——指对新生代农民工群体在我国综合社会地位的认同；（6）政治认同——指对新生代农民工群体拥有的政治权利的认同。当新生代农民工完全融入生活的城市后，在理想状况下，他们在以上 6 个维度应保持一致性认同。由于新生代农民工在户籍所在地行使政治权利，例如参加村委会选举、投票等，离开农村社会后的政治权利行使阙如。综合以上方面，本研究对社会认同的维度分析主要包括群体认同、文化认同、地域认同、职业认同和地位认同。

媒介化理论认为，在一定的时空环境中，媒介不仅是社会交往、协调、整合的工具，其本身也是参与主体建构的手段。社会网络分析显示，影响个体社会行为的变量不仅仅是社会属性，因此需要将社会关系、社会结构的影响纳入研究视野。社会交往及其建构的社会关系网络（包括现实的社会关系网络、社交媒体所建构的社会关系网络），以及嵌入其中的社会资本，共同影响新生代农民工的社会认同。图 0.3 是将上述思路整合后形成的研究框架。

---

① 张文宏、雷开春：《城市新移民社会认同的结构模型》，《社会学研究》2009 年第 4 期。

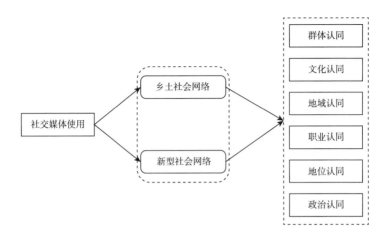

图 0.3 研究框架

四 研究方法和研究步骤

(一) 研究方法

本研究采用定量、定性相结合的研究方法。定量研究主要指采用问卷调查,对工作在北京、天津、石家庄三市的新生代农民工面访并请其填答问卷。调查地点包括建筑工地、餐馆酒店、商场以及外卖骑手的工作地和宿舍。选择其中部分人员进行深度访谈。

(二) 研究步骤

第一,收集所有与本课题相关的前期成果进行文献研究,为构建社会认同测量维度与操作化指标做准备;第二,选择部分有代表性的新生代农民工,对其进行深度访谈,为设计问卷收集来自实地的资料;第三,结合文献和深度访谈资料,设计测量问卷,并选择部分居住在北京市朝阳区金盏乡皮村的新生代农民工进行试调查,检验量表的信度、效度,然后修改问卷,直至达到可接受的信度和效度;第四,结合相关部门数据,赴实地对北京、天津、河北三个地区的新生代农民工进行面访;第五，进行数据处理和分析，运用相关统计软件、理论知识，分析研究先前拟定的重要问题。

（三）抽样方案

采用受访者推动抽样（RDS）方法抽取新生代农民工。该方法在传统"滚雪球抽样"的基础上，结合社会网络分析的理论和方法，使研究者有可能根据样本特征做出合理的推论。此外，对调查对象社交媒体的使用现状进行内容分析或文本分析，从不同角度考察调查对象的新媒体使用现状。

由于新生代农民工总体流动性大，设定抽样框十分困难。因此，首先根据农民工主要分布的行业，在其工作地进行问卷调查的抽样，北京、天津、石家庄三地使用相同的样本量。定性研究样本通过目的抽样获取，即根据这些个体已有的定量信息进行同质性抽样和异质性抽样。①

（四）调查实施和样本构成

调研实施时间为 2017 年 6 月至 7 月，课题组成员分别赴河北石家庄、天津和北京三地进行实地调研，在三地农民工聚居的公司、施工工地、餐厅、快递服务站、酒店等地对符合条件的对象发放问卷。由于本研究所要讨论的问题与新生代农民工切实利益相关，因此在访问中得到了新生代农民工的认可与支持。同时，所有问卷访问和访谈由中国传媒大学新闻学院传播研究方法、媒体市场调查专业的研究生和本科生及笔者共同完成，这些学生都接受过定量研究方法的训练，其中有部分同学参加过北京大学中国社会科学调查中心的访员训练，并参与了该中心举办的《中国健康与养老追踪调查》（CHARLS），积累了大量实践经验，这些都为本研究的实地调研提供了有力的保障。

问卷调查共获得有效问卷 456 份，课题组对其中 93 名新生代农民工

---

① 〔美〕阿巴斯·塔沙克里、〔美〕查尔斯·特德莱：《混合方法论：定性方法和定量方法的结合》，唐海华译，重庆大学出版社，2010，第 73 页。

进行了深度深访。其中，在石家庄市获取调查问卷 150 份，深度访谈 30
人；天津市获取调查问卷 150 份，深度访谈 30 人；北京市获取调查问卷
156 份，深度访谈 33 人。性别方面，男性 316 名，约占总体样本数的
69.3%。女性 140 名，约占总体样本数的 30.7%；进行深度访谈的 93 名
被访者中，男性 58 人，占比为 62.4%，女性 35 人，占比为 37.6%。样
本年龄分布在 17~38 岁，平均年龄约 27 岁。

（五）调整权重，提高样本代表性

由于新生代农民工群体在规模和人口结构方面尚未有国家或地方层
面发布的确切数据，制定抽样框有一定困难。为此，本研究采取非概率
抽样。为提高样本的代表性，将调查样本人口统计变量与 2017 年（与本
研究的调查时间相同）国家统计局发布的《2017 年农民工监测调查报
告》[1]（以下简称《报告》）进行比对，此谓"一般调整"。[2]《报告》
显示，2016 年后京津冀务工人数增长较快，按照全国新生代农民工占比
（50.5%）粗略计算，2017 年京津冀新生代农民工约为 1118.575 万人。

将本研究获得的调查样本人口数据与《报告》进行比较后发现，第
一，调查样本在性别构成、年龄结构、文化程度、月收入等方面与全国
农民工数据相差不大。全国农民工性别构成为男性 65.5% 和女性 34.4%，
与本调查的性别构成（68.2% 和 31.8%）相差不多。与全国农民工相比，
新生代农民工受教育程度更高，拥有更年轻的年龄结构。全国农民工平
均月收入为 3805 元，年收入为 45660 元，与本次调查样本年收入中位数
（5 万元）比较接近。

第二，本次调查样本在从事行业方面与全国农民工有一定不同。全
国农民工从事制造业、建筑业的比例分别为 29.9%、18.9%，从事第三
产业（包括批发和零售业，交通运输、仓储和邮政业，住宿和餐饮业，

---

[1] 《2017 年农民工监测调查报告》，国家统计局网站，2018 年 4 月 27 日，http：//www.stats.
gov.cn/tjsj/zxfb/201804/t20180427_1596389.html。

[2] 王森泮、李子信、陈云松、龚顺：《调查实验法在社会学中的应用：方法论评述》，《社会
学评论》2022 年第 6 期，第 230~252 页。

居民服务、修理和其他服务业等）的比例为 48%。本次调查样本从事制造业和建筑业的比例均低于上述比例，从事第三产业的比例高于全国数据。

为使调查样本更具有代表性，笔者通过行业变量进行权重调整，分别赋予制造业、建筑业、第三产业 4.3、1.3、0.7 的权重。调整后，调查样本的行业分布接近总体比例，样本的性别构成为男性 70.1% 和女性 29.9%，年收入中位数仍为 5 万元。总之，对权重进行调整后得到的样本数据，对于京津冀新生代农民工而言具有一定的代表性。最后，本研究采用多种统计软件（包括 SPSS、AMOS、UCINET 等）对收集到的资料进行分析，探究新生代农民工社交媒体使用状况及其对社会认同的影响。

第一章　京津冀地区新生代农民工群画像

> 整个世界处于一个前所未有的局面之中，青少年和所有比
> 他们年长的人——隔着一条深沟在互相望着。[①]
>
> ——玛格丽特·米德

在已有的文献里，新生代农民工被定义为：出生在 1980 年及以后，年满 16 岁，农业户口，教育程度为大专及以下，且在城市有过连续半年以上工作经历的人。与其父辈外出打工的经济目的明显不同，新生代农民工身上有许多新的标签和特征，如受教育程度较高、熟练掌握手机使用等技能、追求较高的生活质量及对定居城市充满向往等。

一　新生代农民工群体的特征

已有研究中，学者描画的新生代农民工具有五个方面的鲜明特征。第一，在教育层面，第一代农民工平均受教育时间为 2.91 年，新生代农民工为 3.28 年，且文盲和小学文化水平的人口比例明显低于第一代（8.1% 和 7.6%），初中和高中文化水平的人口比例高于第一代（8.5% 和 2%），新生代农民工受教育水平明显高于第一代农民工。[②] 第二，在外出动机层面，新生代农民工的外出动机从"经济型"转向"经济型"和"生活型"并存或"生活型"，他们外出务工更多是为了追求更好的生

---

① 〔美〕玛格丽特·米德：《代沟》，曾胡译，光明日报出版社，1988，第 83 页。
② 王春光：《新生代农村流动人口的社会认同与城乡融合的关系》，《社会学研究》2001 年第 3 期。

活，经济压力和生存压力相比第一代较小。[①] 第三，在生活方式和消费观念层面，新生代农民工的消费观念更加开放，消费不仅限于衣食住行，他们追求电子产品、汽车、房产等高档时尚商品。新生代农民工在娱乐活动上与其父辈同样存在明显差别，新生代农民工与城里同代人的穿着、谈吐以及生活习惯更为相似，在娱乐活动的选择上，更倾向于上网和听音乐。[②] 第四，在平等与维权意识层面，新生代农民工更多参照本地工人的收入福利，同时他们的维权意识比第一代农民工强，更渴望发展机会平等、福利保障完善。新生代农民工重视自己的尊严，期待获得与自身付出相匹配的回报，沿海地区出现的"民工荒"和"用脚投票"反映了新生代农民工较强的维权意识。[③] 第五，在农业生产方面，新生代农民工较少或没有务农经历，乡村记忆较为淡薄，对城市的向往和融入更为迫切，"失根"现象更为严重。

本研究以更加开放的视野，从人口特征、生活家庭、经济属性三个维度，勾勒京津冀地区新生代农民工的整体形象，描述其工作状况、收入水平以及在迁移环境中的生活状况和自我认知。

二 京津冀三地新生代农民工的群体特征

2017 年 6~7 月，笔者一行人分别赴河北省石家庄市三个区、北京市三个区和天津市两个区进行实地调查，分别回收有效问卷 150 份、156份和 150 份，共 456 份。调查样本来源地主要集中在被调查者工作地附近的省会城市，东部、中部、西部、东北等地区均有涉及。在北京工作的被调查者主要来自河北（占比为 37.8%）、河南（占比为 17.3%）两省；在天津工作的被调查者主要来自河北省（占比为 31.3%），其次为河南、山东、安徽、山西等人口输出大省；在石家庄工作的新生代农民工来源地相对比较集中，大部分在河北省境内，占比为 78.7%。

---

① 迟帅、金银：《新生代农民工群体特征研究》，《当代青年研究》2012 年第 5 期。
② 吴漾：《论新生代农民工的特点》，《东岳论丛》2009 年第 8 期。
③ 刘传江：《新生代农民工的特点、挑战与市民化》，《人口研究》2010 年第 2 期。

(一)人口特征

所调查样本中男性占比为 68.2%，女性占比为 31.8%。1985 年前和 1995 年后出生的分别占 17.10% 和 29.8%，1990 年后出生的有 276 人，占比为 60.53%。这意味着"90 后"已经成为新生代农民工的重要组成部分。所调查的 456 人中，只有 2 人取得当地城市户口（分别为石家庄和天津）。从他们受过的教育看，接受的最高教育为初中或高中/职高/技校等的都在 40% 以上，两者之和为 82.8%，明显高于其父辈（以小学为主）的受教育程度。所调查的新生代农民工来到城市的时间主要在 2007 年之后，1999 年前的人数不多，比例为 6.36%，推算彼时他们大多还处在上学阶段。2000 年到 2010 年，他们多数已经初、高中毕业，来到城市工作的条件业已成熟。尤其是 2011 年之后，随着年龄增长、阅历增加，这一时期也正值我国"互联网+"经济开始起步，需要大量人力，更多农村青年选择在城市工作和发展。概言之，京津冀新生代农民工群体主要来自河北、河南、山东及安徽等地。相较于其父辈，新生代农民工不仅在年龄上代际传承，而且受过更多教育，便于他们在城市从事除劳动以外的其他工作，像快递、酒店服务、商城导购、美容美发，有的甚至自己经营门店。他们的收入高于父辈一代，年均收入在 5 万元左右。几乎所有人都没有取得工作城市的户口（见表 1.1）。

表 1.1　调查样本基本人口统计指标

单位:%，万元

出生年代	1980~1985 年	1986~1990 年	1991~1995 年	1996~2001 年	合计		
比例	17.10	30.50	28.30	24.10	100.00		
取得户口	是	否					
比例	0.40	99.60					
受教育程度	未上过学	小学	初中	高中/职高/技校	大专	合计	
比例	0.40	3.70	41.40	41.40	12.90	100.00	

续表

来本地的时间	1999 年前	2000~2007 年	2008~2010 年	2011~2015 年	2016~2017 年	合计	
比例	6.36	12.72	14.04	37.94	28.51	100.00	
从事的行业	住宿和餐饮业	建筑业	批发和零售业	居民服务、维修和其他服务业	制造业	交通运输、仓储和邮政业	其他
比例	28.70	14.50	14.30	11.60	7.00	7.00	16.90
年收入	最小值	低四分位数	中位数	高四分位数	最大值	均值	标准差
	0.00	3.00	5.00	7.00	90.00	5.74	5.75

（二）生活家庭

新生代农民工正值人生青壮年时期，他们的家庭、子女的养育与他们未来在城市生活的盘算密切相关。事实上，他们的孩子能在城市正常读书、接受学校教育，是激励他们在城市奔波下去的动力。希望孩子有个好的前程，能送孩子读到好的大学，是他们一部分人的"城市梦"。

调查数据显示，接受调查的新生代农民工中将近一半已经成家（46.7%的受访者为"初婚有配偶"）（见图1.1）。41.6%的人已经生育孩子（22.1%的受访者育有一个孩子，育有两个或三个及以上子女的分别为18.6%和0.9%）（见图1.2）。

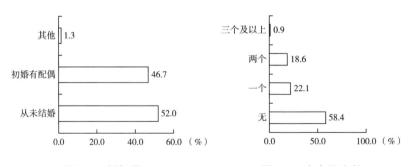

图 1.1　婚姻状况　　　　　　图 1.2　育有子女数

"未婚未育"是大多数新生代农民工的生活状态。他们的平均年龄是 27 岁，超过了国家法定结婚年龄（男 22 岁，女 20 岁）和晚婚年龄（男 25 岁，女 23 岁）的标准。这种现象的出现固然和"晚婚晚育"的社会环境有关，但从后续的研究来看，新生代农民工对自身"迁移状态"的认识在一定程度上影响了他们对未来、对婚育的态度。新生代农民工，尤其是"90 后"的新生代农民工，已经逐渐开始建立家庭。成家后不仅要赡养老人，还要抚养下一代，承担家庭重任。由经济属性的数据也可印证，京津冀新生代农民工的社会福利待遇尚没有得到完全保障，这些因素都影响他们对婚姻和生育的考虑。一位在北京务工的锁先生表示，其妻子在北京生育时无法报销相关费用，要回到老家本地的指定医院才可以报销。对于在北京打工的二人而言，妻子若回家生育，丈夫为了照料家庭需要辞去北京的工作，或者在北京和甘肃老家之间往返奔波，成本高昂，因此留在北京生育并自费承担生育相关费用成为无奈之选。"没办法，你承受得了也得承受，承受不了也得承受。"（北京-装修工人锁先生）多位受访的女性农民工表示，因为在打工城市没有医保，且城市生育费用较老家昂贵，她们在打工城市"生不起"，只能辞职回到老家，生育后再回到城市打工。这样一来一系列问题接踵而至：孩子是带在身边养育还是留在老家？若将孩子带来城市，孩子的日常照料、医疗和教育问题如何解决？在北京务工的李女士在老家生育后回到北京，现在孩子已经 4 岁，考虑生二胎，"但是考虑到经济问题真的不敢要"（北京-纹绣师李女士）。李女士的情况反映了新生代农民工在面临生育时的一种矛盾心理。

相较父辈而言，新生代农民工在教育、职业和收入水平上都有所提升。但是如果换一个角度看，就社会大众整体水平而言，新生代农民工在受教育程度、从事职业技术含量和平均年收入等方面，依然呈现"三低"的特征。

调研结果显示，新生代农民工的受教育程度与全体农民工的平均受教育程度相比，处于中等偏高水平，初中和高中学历的人占调查样本的82.8%，大专学历的占 12.9%，没有上过学和仅接受过小学教育的占比为 4.1%。新生代农民工受教育程度的提高既得益于国家层面"九年义务教育"的大力推动，也源于每个农民工家庭对"教育改变命运"的笃定和坚持。这也是为父为母的年轻一代农民工更加重视对孩子教育的原因。绝大多数已为人父母的新生代农民工表现出对孩子未来教育的重视和担心。"我吃了教育方面的亏，孩子要是懂得多或者学得多，机会也会更多点，条件更好点，可以自己选择工作，不像现在是工作选择我们，太被动了。"（石家庄-某化妆品导购）

调研组将深度访谈过的 93 名农民工的访谈资料绘制成词云图，并提取关键词，发现他们谈论较多的词是"工作""城市""老家""孩子"等（见图 1.3）。这些词语中饱含着他们对日常生活和工作的期盼，那就是靠劳动挣上一份工资，抚育孩子，赡养老家的父母亲辈，并在城市里体面地生活。建筑工地里搬运的砖石、快递车中的一单单货物，辛苦而繁杂的工作中蕴含着他们的人间烟火。

图 1.3 根据深度访谈资料绘制的词云图

(三) 经济属性

京津冀新生代农民工的受教育程度以初中、高中为多，这在一定程度上限制了他们所能从事的行业，技术含量相对较低的行业仍然是他们选择较多的，例如住宿和餐饮业、批发和零售业、制造业等行业。他们对需要信息处理、技术含量较高的行业（例如信息传输、软件和信息技术服务业，卫生和社会工作等）的择业比例比较低。85.1%的新生代农民工的从业身份是雇员，商业、服务业人员占比为67.8%。有技术含量的专业技术人员和生产运输设备操作人员占比分别为14.5%和11.4%。技术门槛低的劳动密集型产业是他们从事较多的，为"三低"中的一项（见图1.4）。

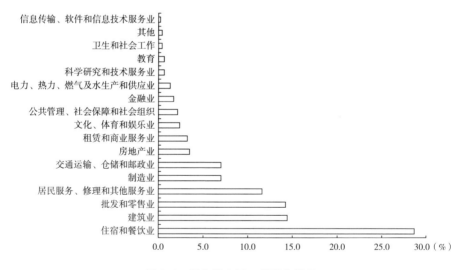

图1.4 新生代农民工的职业状况

国家统计局发布的《报告》将年收入达到6万元及以上的农民工定位为较高收入水平，年收入低于6万元为较低收入水平。本次调查中，新生代农民工2016年的年平均收入为5.7万元（调查数据显示，新生代农民工的年收入最低值为0元，可能是调查时有刚从家乡出来工作不满一年的年轻农民工，他们认为年收入只能算为0元），最高年收入为90

万元,这说明其收入数据为非正态分布,使用中位数表示其平均收入水平比较合理,按照中位数的思路推广至四分位数,京津冀新生代农民工年收入的中位数为 5 万元,属于"低收入人员"。超八成的人年收入在 8 万元及以下,说明新生代农民工收入水平整体偏低。与之相对应的是,新生代农民工对此有清醒的认识,超过六成的人认为自己处于所在城市的中下层或下层收入水平,收入总体偏低。

为了比较京津冀三地的新生代农民工收入是否因为地域不同而有所差异,采取统计学方差分析法对收入进行比较。分析发现,工作在北京、天津、石家庄三地的新生代农民工收入没有差异(如表 1.2 所示,F 表示方差值,$F = 0.151$,p 值表示方差检验的概值,$p = 0.860$)。同时,为了研究不同行业新生代农民工的收入满意度是否存在差异,以"行业"为分组进行方差分析,结果显示,不同行业的新生代农民工工作收入差异并不明显($F = 1.524$,$p = 0.087$)。一名在北京通州建筑工地工作(从事室内装修木工)的闫姓农民工对自己的收入还算认可,"但我们这个工作就是不太稳定,都是跟着项目走的。有活儿的时候,一个月加班下来有一万多,不加班的话正常工资也有八九千。但是如果没有活儿,休息个十几天、一个月的,就没有钱"。他说自己"一个月花两三千,吃饭贵。也不买什么奢侈品,不像城里人"。对于未来的计划,他说:"这几年可能会跟着项目到处跑,不一定会一直待在北京,也可能去别的城市。这个工作再做几年多少有点钱了,就想回到家乡做个生意,开个小店或者去跑个运输。我们老家也还有土地,但应该会回到县城去做点生意吧。"

表 1.2　新生代农民工收入水平

单位:%

收入	频数	百分比
0~4 万元	192	42.1
5 万~8 万元	196	42.98
9 万~12 万元	55	12.06

收入	频数	百分比
13万元及以上	13	2.85
	456	100

$$F = 0.151,\ p = 0.860 > 0.05$$

在北京、天津、石家庄工作的新生代农民工从事的行业不同，但收入基本相同。他们自己对收入的满意程度持"一般"态度，并不因行业的不同而不同。

这样一群年轻的城市农民工，拿着一份尚且过得去的工资在城市里辛劳奔波，在技术含量较低的劳动密集型行业里，怀揣着梦想，为了子女和父母坚守着。质朴的人世间的亲情勾连起城市和乡村的联结，送孩子读书、在城市生活的期盼是照亮他们人生理想的灯烛。

三 他们如何使用社交媒体

"社交媒体"的概念源于英文"social media"，美国学者安东尼·梅菲尔德（Antony Mayfield）于2007年在 *What Is Social Media* 一书中最早阐释了"social media"的含义：一系列在线媒体的总称。这些媒体具有参与、公开、交流、对话、社区化、连通等特点。

"social media"被国内学者翻译成"社交媒体"，还被翻译成"社会化媒体""社会化媒介"，彭兰将"社会化媒体"定义为"基于用户社会关系的内容生产和交换平台"，其主要特征为内容生产与社交的结合，社会化媒体平台上的主角是用户，而不是网站的运营者。[①] 田丽、胡璇进一步完善了社会化媒体的概念，认为社会化媒体是以互动为基础，允许个人或组织生产内容的创造和交换，依附并能够建立、扩大和巩固关系网络的一种网络社会组织形态，其思想与技术核心是互动，内容为

---

① 彭兰：《社会化媒体、移动终端、大数据：影响新闻生产的新技术因素》，《新闻界》2012年第16期。

UGC（用户原创内容），关键结构是关系网络，表现为一种组织方式。①
有学者认为"社会化媒介"的概念界定并不清晰，相反，这是一个含糊、
不准确的概念。如赵云泽等认为，"social media"在国外多指 Twitter、
Facebook 等平台，而这些平台更多服务于人们的社交需求。② 笔者认为，
社交媒体是指随着 Web 2.0 时代的到来而出现的，用以分享交流意见、
见解、经验和观点的工具平台，主要包括网站、微博、微信、博客、论
坛等。本书所涉及的社交媒体主要指以移动互联网为平台的微博、微信、
QQ 等社交工具。

既往研究表明，随着媒介技术的发展和普及，新生代农民工有着与
其父辈不同的媒介使用特点。贾毅对广东地区新生代农民工的媒介接触
状况进行调查，发现新生代农民工与父辈相比有更深的媒介情感和依赖
性，但他们的媒介接触环境存在一些问题，如媒介权利缺失、媒介信息
单一不足，报道农民工的题材存在边缘化和负面化现象，以及"新闻歧
视"。③ 何双秋通过分析江苏地区新生代农民工的媒介素养数据，发现在
主动接触媒介资源方面，新生代农民工更倾向于新媒体、娱乐类节目，
并且对外国媒体的接触能力大幅度提升；在媒介传播的认知与批判力方
面，新生代农民工的阶层话语成为其信息认知的基础，同时由于缺乏专
业的辨识工具，他们的信息批判能力较弱；在利用媒介发布信息与利用
信息进行自我判定方面，新生代农民工利用媒介发布的信息更多的是关
于自身困难或对于自身权益的关注，他们对于自我的判定更多来自大众
媒体。④ 郑素侠研究了新生代农民工的媒介使用因素与市民之间社会距
离的关系，认为报纸的使用和新媒体的使用都对新生代农民工与市民之
间的心理距离有显著影响，报纸阅读时间长的农民工与市民有较大心理
距离。在新媒体使用层面，偏好阅读网上新闻资讯类内容的农民工与市

① 田丽、胡璇：《社会化媒体概念的起源与发展》，《新闻与写作》2013 年第 9 期。
② 赵云泽等：《"社会化媒体"还是"社交媒体"？——一组至关重要的概念的翻译和辨析》，
《新闻记者》2015 年第 6 期。
③ 贾毅：《新生代农民工媒介接触的状况与反思》，《新闻界》2012 年第 8 期。
④ 何双秋：《新生代农民工阶层媒介素养调查》，《传媒》2014 年第 2 期。

民有较多的交往或往来，即与市民有较小的行为距离。①

图 1.5　访员刘泽宇和石家庄-美团员工交谈　图 1.6　访员郑诗雨和北京-建筑工人交谈

为进一步了解京津冀新生代农民工对社交媒体的使用情况，笔者从以下三个方面了解他们的媒介使用行为：社交媒体使用偏好、社交媒体使用强度、社交媒体使用目的。

第一，在社交媒体使用偏好方面，用 1~5 分依次代表"从不使用"、"偶尔使用"、"每月使用几次"、"每周使用几次"和"几乎每天使用"并进行测量。从收集的资料来看，新生代农民工中微信的使用频率最高，其次是 QQ 的使用频率，微博的使用频率最低（见图 1.7）。

第二，在社交媒体使用强度方面，95.0%的新生代农民工表示几乎每天都会使用微信，从来不使用的只占 1.3%；相较而言，微博的使用频率呈现相反的态势，57.9%的受访者表示从来不会使用微博，几乎每天都会使用微博的人仅有 11.2%；对于 QQ 来说，49.3%的受访者表示几乎每天都会使用，10.1%的受访者从不使用（见图 1.8）。

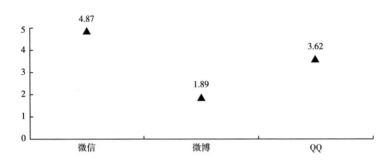

图 1.7　社交媒体使用频率均值

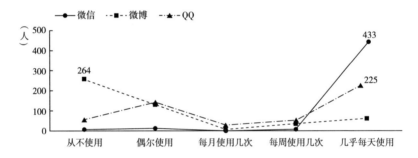

图 1.8　社交媒体使用频率分布

　　微信和 QQ 作为人们日常生活中的即时通信工具，用户拥有的好友数，以及一周之内与好友互动的次数也能在某种程度上反映用户对社交媒体的使用强度。在所有受访者中，微信的人均好友数、一周内人均互动好友数均远高于 QQ。由此说明，相较于 QQ，微信已经成为当前新生代农民工最重要的社交媒体和构建社交关系的工具。受访者表示，不使用微博的原因是"不会操作"和认为"用不着"。

　　第三，新生代农民工使用社交媒体（微信、QQ 等）的目的主要是社交、获取新闻信息，也常用于了解亲友近况和网络购物。"其他"项里的内容包括"获得工作信息"、"获取报酬"、"微商"或"雇人收款"等，基本上以社交媒体作为赚取收入的方式，如通过短视频直播带货等

（见表 1.3）。石家庄的一名外来务工者就表示自己习惯使用微信，"主要是发一些工作内容，比如移动公司发布的新政策，其次是聊天和购物多一些"。他认为使用社交媒体"对工作而言变得更加方便了"。天津一名女性农民工说到使用微信时，认为它主要代替了电话，在找工作方面也能给予帮助，"现在基本上有了微信就不怎么打电话了，都是发消息啊，像我儿子，要是有事的话就在微信里面给我发信息，基本上他都不打电话，都是用微信给我留言，还挺方便的"。她加入的务工群里也会发一些信息，"就是哪里招人啊，多少钱啊，然后看到合适的话就去，要是不合适就不去"。关于在生活中遇到问题或困难会不会在群里请求帮助，她回答道："不会，我一般在群里很少说话。"不过，另一名在天津打工的女孩认为，"现在微信对于我们来说就是个通话的工具，有些人玩微博就是好奇那些娱乐八卦，为了追星，最多就是再看看新闻，其他的就没了"。与通过社交平台为自己的合法权益发声相比，她认为直接反映给相关部门更有用："现在在这些社交媒体上面，每天都有那么多事情出来，这些事情有真的也有假的，没法辨认。有可能你这个事儿确实是真的，你在网上发了帖子，想为自己争取些利益，但是别人不相信啊。所以我觉得意义不是很大。就是说线上的方式效果没有那么快，我们也不太有那个意识去网上发，遇到事儿了第一反应就是去找相关部门解决，这样比较快一点嘛。"撇开通过微信等社交媒体发声、维权，社交媒体在沟通人与人之间的信息、情感方面的作用是得到公认的。一名在北京的农民工认为，微信"对生活和工作的影响应该都是好处，和家里人以及同事联系都更加方便了。……在微信等社交媒体上建立许多工友群，扩散一下声音，在一定程度上也可以提升外来务工人员的社会地位"。

表 1.3　社交媒体的使用目的

单位：次，%

使用目的	频数	百分比
与人聊天	368	27.5
浏览新闻	265	19.8

使用目的	频数	百分比
了解亲友近况	175	13.1
网上购物	156	11.6
找乐子，消磨时间	144	10.7
学习知识	107	8.0
记录和展示自己的生活	67	5.0
参与社会热点问题讨论	26	1.9
通过社交媒体发声、维权	5	0.4
其他	27	2.0
合计	1340	100

注：限三项排序题，合计大于样本数（$n=456$）。

以微信、QQ为主的社交媒体方便了新生代农民工在城市和他人的沟通，社交媒体是获得新闻和工作、生活信息的有用工具，并构建和维系他们的各种社会关系，包括亲缘、地缘和业缘的关系，以此帮助他们在城市的工作和生活中沟通信息、联结情感、维护关系，更好地生活下去。

图 1.9　访员姜若雪与北京-建筑工人交谈　　图 1.10　访员展浩博在天津某建筑工地调研

四 他们的梦想和现实

和新生代农民工谈论他们关心的事情，是深入了解他们感受的直接途径。调研组在三地访谈了近90名新生代农民工，借助文本分析进行主题分类，试图从日常对话中整理出他们最关心的问题。通过 gensim 的 LDA 主题建模，归纳整理出他们最为关心和关注的6个主题类型，包括"打工就业机会""工作待遇、习惯""打工环境""社交媒体的影响""务工积累和未来发展""打工面临的困难、孩子教育等"（见表1.4）。

表 1.4 主题类型和内容

主题1	家乡和打工地在就业机会、婚恋观等方面的区别和新闻信息的获取
	老家 政策 聊天 区别 回家 单位 机会 交通 信息 新闻 条件 手机 平台 婚恋观 口味
主题2	家乡与打工地在风俗习惯、消费观等方面的区别和工作待遇情况
	孩子 媒体 社会 京津冀 工友 公司 层面 外地 风俗习惯 文化 行业 消费观 培训 待遇
主题3	打工时遇到的人与物如何
	农民工 环境 朋友 老人 国家 工伤 活动 同事 素质 回老家 原因 儿子 习俗 工厂 人口
主题4	社交媒体对生活的影响、在城务工的经济纠纷
	生活 务工人员 网络 社交 微信 外地人 平台 关系 户口 习惯 饮食 曝光 租房子 经济 利益
主题5	来城务工原因、经验积累和未来发展
	农村 家乡 发展 时间 本地人 领导 经历 经验 途径 政府 消费 方式 信任 同学 土地
主题6	在城务工待遇、遇到的困难和孩子的教育问题
	工作 工资 法律 观念 教育 房子 父母 创业 上学 方言 渠道 普通话 能力 研究 变化

他们梦想是在打工城市落脚、租住房子、成家立业、培养孩子上大学。支出后最好还能有结余，这样可以寄回家乡赡养老人。就像所有人

的人生都不平坦一样，在实现城市生活梦想的过程中，也要面对待遇低、消费高、观念不同、购房成家和教育子女成才等一系列问题。理想和现实交织着、冲突着，人就在矛盾中成长、生活和社会化，在身份认同和社会认同中不断内化，与社会发生融合或疏离。

为了抽取主题的类别，借助 Python 的 gensim 进行 LDA 主题建模，具体的方法和步骤如图 1.11 所示。

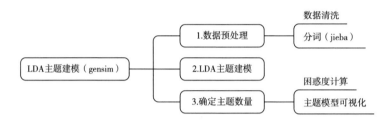

图 1.11　用 gensim 进行 LDA 主题建模

（一）对数据进行预处理

1. 导入访谈资料，自定义字典、停用词等文档

访谈了 88 名被访者，整理资料 42 万余字。将其进行清洗、导入软件，并自定义字典和停用词等。

2. 分词处理

使用 jieba 分词，去掉停用词，留下所需要的词性（名词、动名词、特殊名词）和需要的长度（≥2）。

3. 停用词处理

创建临时停用词列表，根据代码运行结果将不需要的词进行二次去除。

（二）LDA 主题建模

1. 创建

创建字典（dictionary）、词袋（corpus）、LDA 对象。

2. 设定主题数量

人为预先设定主题数量，根据困惑度及可视化图得出，当主题数量设定为 6 时恰当。

3. 打印关键词

视情况进行二次去停，根据关键词提取主题信息。

（三）确定主题数量

1. 计算困惑度

困惑度用来确定主题数量，其数值越小，聚类的主题数量越少。困惑度可用折肘法辅助判断。在实际操作中，困惑度计算与样本空间、算法本身有关，折肘图会出现不止一个拐点的情况，要具体分析。在图 1.12 中，随着主题数目的增大，困惑度出现了不同的数值，但都在主题数目为 6 时达到最低点，因此，可初步判断该分析的主题最优数目为 6。

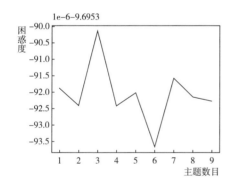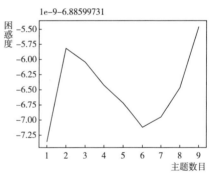

图 1.12　困惑度

2. 主题模型可视化

主题模型可视化将多个主题之间的关系进行可视化呈现。在图 1.13 中，左图中每个圆圈代表一个主题，右图是与之相应的主题中产生频数最高的词语。在左图中，圆圈之间的距离越远，说明两个主题词之间的重复程度越低，模型分类越好。

第 1 个主题中，最多的词语是"农村"，往后依次是"家乡""发

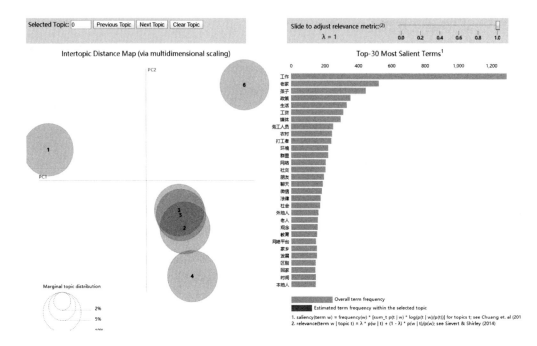

图 1.13　6 个主题的 LDA 模型

展""时间""本地人";第 2 个主题中,最多的词语是"孩子",往后依次是"媒体""群里""社会""京津冀"等(见图 1.14);第 3 个主题中,最多的词语是"农民工",往后依次是"环境""朋友""老人""国家"等;第 4 个主题中,最多的词语是"工作",往后依次是"工资""法律""观念""教育"等(见图 1.15);第 5 个主题中,最多的词语是"老家",往后依次是"政策""聊天""区别""回家"等;第 6 个主题中,最多的词语是"生活",往后依次是"务工人员""网络""社交""微信"等(见图 1.16)。

　　综合来看,新生代农民工最关注的事情包括以下几个方面:家乡和乡村发展,孩子的成长和京津冀地区社会,前者是他们离开的"根",后者是他们眼前要融入的社会。与工作密切相关的社会环境、国家发展,以及职场上的工资、法律、观念和受教育情况(应该是他们自身的受教育情况),是眼前最为紧要的事情,而故乡是经年后无奈或有意的回归。网络、

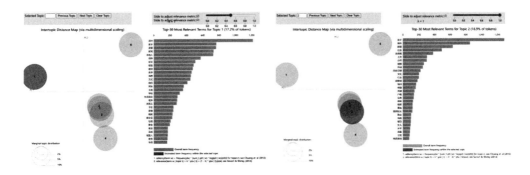

图 1.14 第 1 个主题模型、第 2 个主题模型

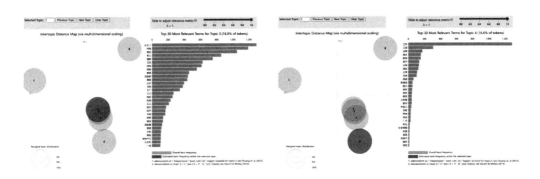

图 1.15 第 3 个主题模型、第 4 个主题模型

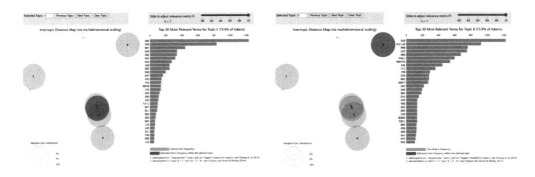

图 1.16 第 5 个主题模型、第 6 个主题模型

社交、微信是伴随他们日常生活的贴身工具，对他们融入城市生活、获得社会认同发挥一定作用，尽管他们并不能非常清醒地意识到这一点。

第二章　新生代农民工的自我认知和社会认同

> 认同是个体在情境中（situated）所获得的一种意义，而且认同是不断变化的。
>
> ——格里高利·斯通（Gregory P. Stone）

随着智能移动终端遍及生活各个方面，媒介技术对建构人与人之间的关系发挥着越来越突出的作用。据第49次《中国互联网络发展状况统计报告》，截至2021年12月，中国网民人数为10.32亿人，手机网民规模达10.32亿人，其中农村网民2.84亿人，占网民整体的27.5%。使用手机上网的比例达到99.7%①，手机不断挤占其他个人上网设备的空间，网民上网设备进一步向手机端集中，移动互联网正在塑造着全新的社会生活形态。媒介生态格局发生急剧变迁，促使人们不断审视媒介化生态格局下的新生代农民工如何使用移动终端的社交媒体，这种使用行为及由此带来的人际交往如何影响他们对城市生活各个领域的了解、接触和认同，以及在"流动与联系"中如何建构社会认同。

一　社会认同的已有研究回顾

"社会认同"（social identification）这一概念源自西方学术话语体系，通常指"个体对其社会身份（social indentity）的主观确认"。劳伦斯和贝利认为社会认同是"这样一些关系，诸如家庭纽带、个人社交圈、同

---

① 《第49次〈中国互联网络发展状况统计报告〉》，中国互联网络信息中心网站，2022年2月25日，http://www.cnnic.net.cn/hlwfzyj/hlwxzbg/hlwtjbg/202202/t20220225_71727.htm。

业团体成员资格、阶层忠诚、社会地位等"①。卡斯特认为，"尽管认同能够从支配性的制度中产生，但只有在社会行动者将之内化，并围绕这种内在化过程构建其意义的时候，它才能够成为认同"。卡斯特着重指出，"所有的认同都是建构起来的。现实的问题是：它们是如何、从何处、通过谁、为了谁而建构起来的。认同的建构所运用的材料来自历史、地理、生物，来自生产和再生产制度，来自集体记忆和个人幻觉，也来自权力机器和宗教启示。但正是个人、社会团体和各个社会，才根据扎根于他们的社会结构和时空框架中的社会要素（determination）和文化规划（project），处理了所有这些材料，并重新安排了它们的意义"②。国内学者张春兴则认为社会认同是"个人的行为思想与社会规范或社会期待趋于一致"。③ 王春光将社会认同视为"对自我特性的一致性认可、对周围社会的信任和归属、对有关权威和权力的遵从等"④。关于社会认同的研究，国外大致有两个派别："同化论"和"多元论"。两个派别都试图将错综复杂的社会融合问题化约为"文化融合问题"⑤。从托马斯和兹纳涅茨基的《身处欧美的波兰农民》开始，文化性身份的转换就成为移民社会认同的重要议题，以至于后续的研究也大多延续了这一思路。约翰·特纳（John Turner）认为，人们在不知不觉中监控着社会环境，根据环境的变化来调整自己的期望和行为，发展与他人的社会关系，并各自赋予相互期待的社会角色，从而获得特定的社会认同。⑥ 可见，社会认同与身份界定、社会融合息息相关，个体的身份具有建构性，其只能根据个人的目的建构和实践身份。本书同样依据社会学这一逻辑，将社会认同界定为个体对其社会身份的主观确认。

---

① 张文宏、雷开春：《城市新移民社会认同的结构模型》，《社会学研究》2009 年第 4 期。

② 〔美〕曼纽尔·卡斯特：《认同的力量》（第二版），曹荣湘译，社会科学文献出版社，2006，第 5~6 页。

③ 张春兴：《青年的认同与过失》，世界图书出版社，1993，第 27~28 页。

④ 王春光：《新生代农村流动人口的社会认同与城乡融合的关系》，《社会学研究》2001 年第 3 期。

⑤ 蔡禾、曹志刚：《农民工的城市认同及其影响因素——来自珠三角的实证分析》，《中山大学学报》（社会科学版）2009 年第 1 期。

⑥ 周晓虹：《认同理论：社会学与心理学的分析路径》，《社会科学》2008 年第 4 期。

国内关于社会认同的研究基本聚焦于城乡移民（尤其是农民工）"城市人—农民"这一归属性身份及城市居留意愿上。张文宏、雷开春指出社会身份并不能简化为文化性身份或归属性身份[①]。就像人们批评社会融合的多元文化模型将错综复杂的社会问题简化为"文化问题"一样，移民社会认同的内容也是复杂的，仅用文化认同或某一种社会身份的转换来代替移民的整个社会认同转换，同样是狭隘的。布朗在评论社会认同理论及其发展时认为，社会认同具有多样性维度，仅考虑一个维度是不够的。[②] 张文宏、雷开春等采用了亨廷顿的理论架构，运用结构方程模型，从群体认同、文化认同、地域认同、职业认同、地位认同、政治认同等方面对城市移民展开探索，并得出移民在社会认同中呈现一致性认同与差异性认同并存的关系结构。此外，还有学者认为农民工的社会认同存在户籍的制度性约束和资源匮乏的能动性限制。影响农民工社会认同的主要因素可归结为文化态度、社会交往、经济水平和社会环境等。[③]

二 新生代农民工的自我认知

由于历史原因，我国城乡之间一度存在二元管理制度，对移居城市工作和生活的新生代农民工而言，尽管他们工作和生活均在城市，但户籍制度首先约束了他们。此外，他们不能享受与城市居民相同的社会福利和保障。近年来，党和国家不断推出提高和保障农民工工资待遇和福利的一系列政策，但历史遗留下来的问题有时不能立刻解决。对已经进城的农民工群体而言，他们不断认清自己所属群体和其他群体的边界，对自身身份的认同和社会融入等，都是伴随着城市的工作和生活悄然进行的，并影响他们最终融入城市生活和工作的质量，因此有必要搞清楚他们是如何认识自身，以及如何进行自我认知和身份认同的。身份认同指个人对特定社会文化的认同，建立身份认同是确定自己在社会文化秩

---

① 张文宏、雷开春：《城市新移民社会认同的结构模型》，《社会学研究》2009 年第 4 期。
② 〔英〕多木尼可·艾布拉姆斯：《社会认同的过程》，王兵译，《社会心理研究》2007 年第 2 期。
③ 褚荣伟：《农民工社会认同的决定因素：基于上海的实证分析》，《社会》2014 年第 4 期。

序中的个体角色的过程，有学者将身份认同分为个体认同、集体认同、自我认同和社会认同四类。[1]　其中，个体的自我认同是社会融合心理建构的起源，它是个体识别我群的同一性和他群的差异性的基础。而社会认同（social identification）则关注个体与群体、社会的关系。社会心理学偏重对社会认同的心理活动层面的研究，而社会学更偏重于研究社会现象的一致特性（如身份、地位、利益和归属）、人们对此的共识及其对社会关系的影响。[2]

伴随身份认同的还有媒介的影响，在媒介化生态格局下，移动互联网已经嵌入人们的日常生活和工作。对于移居某地的人而言，及时获得当地的工作信息、建立人际圈子、融入当地社会等都离不开对媒介的使用。新生代农民工走出乡村进入城市，为了适应城市社会，他们不时地利用媒介这面镜子折射出"我"来，以前的"我"和今日的"我"相互对照，不断调整自己，逐渐适应城市生活并建立起属于自己的新的人际资本。[3]"身份认同是社会建构的产物"，新生代农民工遭遇身份认同的困境，究其原因在于其个人身份建构与社会建构之间出现了矛盾。[4]　借鉴已有研究并考虑本研究的主要问题，从新生代农民工对自身的地位认知、身份认知和职业认知等方面一窥他们的认知。

（一）冷静的思量：地位认知

1. 收入与消费

如前文所述，由于我国城乡二元分割的历史遗留问题，农民似乎天生就被隔离在城市现代化发展的进程之外。20 世纪 90 年代，农民工大量流入城市，曾经被束缚在土地上的农村劳动力随之转入城市，汇入城

---

①　陶家俊：《身份认同导论》，《外国文学》2004 年第 2 期。

②　王春光：《新生代农村流动人口的社会认同与城乡融合的关系》，《社会学研究》2001 年第 3 期。

③　陈曦影：《媒介"镜中我"：新生代农民工身份认同研究》，硕士学位论文，南京大学，2015。

④　邹英：《新生代农民工自我身份认同困境的社会学分析》，硕士学位论文，吉林大学，2007。

市的建设浪潮中。然而，进入城市的农民工并不是全然受到城市敞开怀
抱的欢迎，甚至个别城市人有歧视农民工的言行。面对此种现象，农民
工并非毫无觉察，他们对自己在城市里的地位、收入等状况有着一定的
了解，甚至是清醒的认识。

新生代农民工在其收入水平、消费水平和综合经济地位等三方面的
自我认知显示，他们认为自己在城市中的综合经济地位偏低，收入水平
亦整体偏低，消费水平相对略高，但是仍在平均值（3.0）以下。综合
经济地位处在下层和中下层的比例之和达到了 69.6%，接近七成。认为
自己的综合经济地位处在中层的占比为 26.1%，而上层和中上层的比例
之和不到 5%。收入水平基本上也是同样的结构，即处在下层和中下层的
比例之和为 66.0%，中层为 26.3%，中上层为 5.0%。他们认为自己的消
费水平要略好于前两项，处在上层和中上层的比例之和为 15.3%，中层
为 32.7%，下层和中下层的比例之和为 47.8%（见表 2.1）。新生代农民
工之所以对自己的消费水平有不同于收入水平和综合经济水平的认识，
很大程度上源于他们以他人或在乡村生活时的消费水平为参照。开传媒小
铺的小李姑娘认为，"我老公他们应该属于比较节俭的，我是那种比较与
时俱进的，有什么好的就会买，自己开心，想买点儿什么就买什么"。

表 2.1　调查样本的自我地位认知

单位:%

	综合经济地位	收入水平	消费水平
均值	1.990	2.200	2.630
标准差	0.904	1.055	1.273
下层	35.9	26.5	21.3
中下层	33.7	39.5	26.5
中层	26.1	26.3	32.7
中上层	3.8	5.0	11.6
上层	0.5	—	3.7

2. 居住与购房

在城市买上一间房子，哪怕不大，一家人安居其间，从此踏踏实实地生活，这可能是每个移居到城市的农民工心中最大的梦想，尽管对他们中的绝大多数人而言，这个梦想比较遥远，甚至遥不可及。首先，有必要了解他们在北京、天津、石家庄三个城市的居住状态和居住面积。刚进入城市的新生代农民工多采取与人合租的居住方式。如表2.2所示，与陌生人合租、独自居住的新生代农民工的比例远低于与亲人、老乡等熟人合租的比例。进一步分析，新生代农民工在三个城市间的居住方式差异较大，在北京，外来务工人员主要居住在员工宿舍或租住商品房，而在石家庄，由于房价较低，可接受程度高，自购房比例远高于北京、天津。

表 2.2 调查样本的居住方式

单位:%

居住方式	独自居住	与亲人（配偶、亲戚、男女朋友）同住	与陌生人合租	与老乡、同事、朋友合租
百分比	12.5	39.3	1.8	46.5
$\chi^2 = 70.259$, $p = 0.000$				

就租住面积而言，新生代农民工居住的房屋面积平均为22.1平方米，其中，在北京的新生代农民工居住面积最小，平均为10.04平方米，天津次之（22.80平方米），石家庄最大（33.99平方米），居住面积差异十分显著（$F = 12.819$, $p = 0.000$）。北京的高房价带动房租齐高，给生活和工作于此的农民工带来了心理和经济负担。在北京皮村好利来做面包师的安女士2013年从河北邯郸来到北京，每天工作十二三小时，两个宝宝留给农村的老人照看。她表示，"就是一个人的话比较简单，两个人主要是每个月租房子太贵了"。她很喜欢北京，"有好多好玩儿的地方吧，在北京这么长时间了，一直挺喜欢这儿的"。然而，公共交通票价涨价后，也让如她一样的人感到经济紧张，"就是这几年公交费太贵了，之前就两块钱，在地铁里转一天都没事儿，这个车倒那个车，那个

车倒这个车，随便转。现在不行了，不能随便转了，是真贵了。公交车也贵了，现在都是一两块钱起步，原来只要四毛钱"。对于城市和农村养老问题，安女士认为两者差别很大："像城市都有养老金嘛，一般都不用子女出钱。在农村主要是靠子女。我们那边女儿出嫁以后，就出时间，出精力伺候着。儿子就出钱。女儿的吃穿，儿子的江山。父母就在他们家住着嘛。"

京津冀新生代农民工在城市里从事的是技术含量较低的劳动密集型工作，拿着相对微薄的薪水，居住在狭小逼仄的出租房里，自然会对城市里的高消费望而却步。这些微薄的收入用来租房、抚育子女、赡养家乡的父母。

为了探究地域因素是否对新生代农民工的地位认知带来影响，笔者运用统计学的方差分析原理，将"自我地位认知"按城市分组进行统计检验。结果显示，京津冀三地新生代农民工的自我地位认知并不因所在城市不同而明显不同。他们对自己的综合经济地位、收入水平和消费水平的认知似乎形成了一个整体判断，这种整体判断是京津冀新生代农民工群体的"共识"。

改革开放40多年以来，党和政府领导我国人民全力以赴搞建设，一心一意求发展，国家综合国力和经济水平得到空前发展和提升，国民生活质量也得到不断改善。反映在城市住房上，人均居住面积增加，个人独立居住空间改善，都昭示着中国人民的生活水平节节攀升。然而，汇入城市劳动力大军的新生代农民工的居住状态，却不尽如人意。

从收集到的资料分析结果可知，北京商品房价格的居高不下，使在京城的新生代农民工望"房"却步，打算购房的人所占比例只有一成。相比之下，打算在天津（29.3%）、石家庄（38.0%）购房的人数接近三到四成（见表2.3）。因此，一个城市的容纳度不仅包含城市居民对农民工群体的接纳程度、针对农民工的各项倾斜政策和举措，还在于这个城市能否为他们提供一个适宜居住的、保障其最低生活水准的温暖居所。

表 2.3　调查样本的购房打算

单位：人

		购房打算				总计
		考虑在本市购房	不考虑在本市购房	没考虑过	不适用	
城市	北京	16	120	19	1	156
	天津	44	66	29	11	150
	石家庄	57	39	23	31	150
总计		117	225	71	43	456

$\chi^2 = 101.683$, $p = 0.000$

人均居住面积在一定程度上反映了新生代农民工的生活状况，"安居乐业"是每一个来城市的农民工的愿望，但"平衡收入与支出"的经济考量使得三个城市间的农民工在选择上出现了阶梯式的显著差异。在这样的现实生活基础上，他们逐渐形成了对自我的认知、对自己身份的归属。一位在北京的建筑工人说："老家那边儿现在工作也不好找了，正好在北京又有个合适的工作机会，所以我就来了。"当被问到以后是否还会回到老家，他又回答："有这样的考虑，随时都可能会回去的。如果北京这边儿没有好的工作机会了，就会回去。"一脚迈出农村、一脚迈入城市的新生代农民工，即便在城市谋求到了工作，适应了城市的生活方式，但当他们发现无法通过"购房"实现真正留在城市、融入城市的目的后，往往会考虑在经济基础更为坚实后回到老家，城市"乐业而无法安居"的现实状况反而使他们对那个永远向自己敞开的家乡平添一种亲近和认同。

（二）模糊的身份认知

1. 本地人还是外地人

对于暂住某地日久却不能融入本地社会的人来说，其对自己的认知可能就处在"我是外地人"的境地，反之，他/她应该在心理上认同居住地的社会文化和周边的人，将自己看作他们中的一分子。从中国人的文化心理角度看待外地人和本地人的话，在某地有自己的房子、有亲人居住在房子里，这应该是中国人心里最认可的"家"了。"这里有我的家，我就是本地人。"汉字"家"的甲骨文"![家]"，寓意着在房子里养了一只大腹便便的猪，引申为"落户""定居""家庭的住房"。[①]再结合我国特定的户籍制度，"本地人""外地人"就有了以下两层含义。第一，是否有居所，对中国人而言，没有居所，相当于没有家；第二，从国家户籍制度管理而言，没有取得居住地的户籍，自己只能算是漂泊不定的"游弋者"。随着流动人口增多，国家不断制定保障外来务工人员待遇和福利的政策，户籍的心理预期正在逐渐降低，那么寓意着"家"的房子就成为判定所属的依据了。从表2.4的调查数据可知，总体上看，72.8%的新生代农民工认为自己不属于居住城市的本地人，而是外地人，认为自己是本地人的比例为13.4%，认为自己是"新本地人"的比例最少，只有7.9%。所谓"新本地人"指农民工群体中能够在工作城市购房的人，我们在石家庄遇到了这样的一名青年男子，是父母辈带着他一起买的房，父母出资了部分房款。单靠一个年轻的农民工在城市购房是很难实现的，即便在石家庄这种房价比较低的城市也是如此。对于户口问题，很多农民工表示"没有想过"，他们更希望自己的孩子可以取得城市户口。"最有保障的就是把户口迁过来，如果没有户口，租房子的话，上到初中，中考还得回去。"北京皮村好利来面包师安女士说道。因此，新生代农民工在城市里往往处在"无根"的状态，这一点对他们的社会融入和社会认同造成不利影响。

表2.4　被调查者认为自己是否为本地人的情况

单位：人

		本地人	新本地人	外地人	说不清	总计
城市	北京	0	6	144	6	156
	天津	9	14	118	9	150
	石家庄	52	16	70	12	150
总计		61	36	332	27	456

$\chi^2 = 108.05$, $p = 0.000$

---

① 苏宝荣：《〈说文解字〉今注》，陕西人民出版社，2000，第259~260页。

　　将工作在京津冀三地的新生代农民工对自己所属的认识进行比较可知，因为房价等因素，绝大多数北京的被调查者（92.3%）将自己划定为"外地人"。石家庄的涵容性较高，有34.7%的被调查者认为自己就属于石家庄人。这一结果可能与石家庄务工者多数（78.7%）来自河北省有关，也与石家庄的经济发展水平在京津冀地区中相对较低、更容易吸引新生代农民工在此"安家乐业"有关。在石家庄我们访问了一名1998年出生的美团外卖小哥，访问时他刚满19岁，他说："我对这座城市目前还比较满意，喜欢的原因主要是人文风俗上的，就是石家庄人比较热情。"一名出生于1992年，来自河北藁城，在石家庄做清洁品销售的小伙子直言道："喜欢（石家庄），在东北上学的时候会想念石家庄，家人父母都在这边，做什么都方便，在这边很熟悉，又不像一线城市那样生活得太艰难。"这种物理空间的靠近有助于拉近农民工与城市居民心理上的距离，促使他们融入当地社会和产生社会认同。

　　"有家有业""成家立业"是传统文化对成年之后的人生安排，即所谓的"三十而立"。如果一个人将居住城市看作自己的家，那么他在心理上已经对此地产生了认同。一个移居他地的人，如果有了购房置产的打算，也说明他/她已经打算将此地作为日后长久居住的家了。从表2.5可知，在不考虑买房的新生代农民工中，有88%的人认为自己是外地人，认为自己是本地人的比例只有6.2%。而已经在本市买房和考虑在本市买房的人中，分别有23.3%和21.4%的人认为自己是本地人，这两个比例远高于不考虑买房的人。购房打算与新生代农民工所在的城市密切相关，在石家庄工作、购房的经济压力小，他们更容易购房，认为自己是本地人的比例比北京、天津高很多。"现在有点儿迷茫。……感觉现在还没有能力在城市里面生活吧"，"感觉自己的教育水平还不够，既然想在这个城市里面生活，各方面水平都要提高，比如说，经济能力就要提高，这种情况还是很难的，因为现在教育程度不行。生活不下去，以现在的条件。或者是自己有点儿闲钱，做点儿生意挣钱了还行，现在租房子就挺贵的。买房子是不可能了，租房子也不是那么回事儿，一直租房子也不行","在外面漂着一样,没有根一样,就这么飘着,没有家,没有实实在在的家"(北京-曹姓农民工,从事汽车电子配件工作)。一位来自温州的在天津做玉石生意的农民工,经济状况相对优渥,他不仅在天津购房,家里也有小楼,打算老了以后回家乡养老,"正常能干的时候还是留在城市,老了以后六七十岁了还是可能回老家。……孩子,应该还是在城市里吧。以后老了,我们回去养老,房子留给他就行,对吧。……老家有房子,地一般没有用,要种地才能挣钱。我们有四栋房,从底到上的嘛,有三层的,有五层的,三层的自己住,五层的往外租出去,一年能有七八万块钱,养老够用了"。一位来自河北邢台巨鹿,在石家庄做外卖小哥的农民工感叹收入低、无力购房:"挣钱太少,各种福利也没有,租个房子都租不起,别说买房子了。"

表 2.5   不同购房打算的调查样本的自我认知

单位:人

		本地人	新本地人	外地人	说不清	总计
购房打算	考虑在本市买房	25	15	64	13	117
	不考虑本市买房	14	7	198	6	225
	从没考虑过	12	4	48	7	71
	已经在本市买房	10	10	22	1	43
总计		61	36	332	27	456

$\chi^2 = 68.998$, $p = 0.000$

2. 回不去的家乡

绝大多数的新生代农民工外出打工是为了增加收入,农村家里的地要么租给别人种,要么让自己父母收拾。打工赚钱后回家做点小生意是不少人回乡后的打算。"像我们这一代,肯定是不会种地才出来的,就根本不会。家里面种地,上学就出来了,出来就找工作了。所以种地就不太可能,攒钱学学技术、做做生意,都有可能,种地不行。"(北京-曹姓农民工,从事汽车电子配件工作)能留在城里的人数量并不多,他们头脑中"家"的观念很深,遮风避雨的居所是"家"的象征。"安居乐业"在新生代农民工的身份认同中依然发挥着重要影响。

这里带出来另一个问题，即农村的可持续发展，新生代农民工没有掌握一定的农业种植技术，今后农业生产何以为继？

一名校园保安说："家里还有地，我们家也还务农。但是说实话，我们村儿再过个二十年，地都没人种了。人都出来打工了，村里头都是老人。你像比我年纪大的，现在四五十岁的，再过二十年哪能干得动啊。他们现在是能赚多少钱赚多少钱，使劲买楼，把孩子往城里送，孩子在外面有网络，什么都有，在家里只能摆弄那块地，肯定不愿意待着啊。出来学个技术或者找个好工作，就不回去了。父母在家里，平时没事儿回去看看就行了，绝对不会种地的。"

但另一方面，党中央和政府推进乡村振兴计划，有知识、有技术的新一代大学生、研究生进入乡村基层组织，协助和带领乡村村民运用新技术走创新乡村经济发展和乡村治理新路径，鼓励新生代农民工反哺乡村。引领示范的案例丰富多样，需要在目标人群中传播和推广，人尽其才、物尽其用。

3．"农民工"还是"新工人"

对于如何称呼农民工群体，学者们专门分析过。如陈映芳认为，称谓反映了主体对客体的身份的认识，映射了主体内心对客体认识的取向，她将农民工称为"乡城迁移者"。① 研究北京皮村农民工文化的学者吕途认为，"农民工"带有某种歧视意义，一般人不会既是工人又是农民，在出路和待遇上，沿用"农民工"这一称谓，有一种对"召之即来，挥之即去"的制度安排的认可。② 相比之下，"新工人"是一种诉求意义上的概念。"新工人"指工作生活在城市而户籍在农村的打工群体。因此，"新工人"作为一种诉求，不仅包含他们对工人和所有劳动者的社会、经济、政治地位的追求，也包含一种渴求创造新型工人阶级和新型社会文化的冲动。笔者认为以上观点都有可取之处。2014 年，笔者在北京皮村调研时曾经询问过被访者对"农民工"和"新工人"称谓的看法，多

① 陈映芳：《农民工：制度安排与身份认同》，《社会学研究》2005 年第 3 期。
② 吕途：《中国新工人：希望下一代和我们不一样》，《社会科学报》2017 年 11 月 25 日。

数被访者认为称呼"农民工"更合适。

然而，时代在变，人们的观念也在逐渐改变。此次收集的数据分析结果显示，新生代农民工对"农民工"这个称谓不是很认可，但程度并不强烈。三个城市的新生代农民工对此看法也没有明显的差异（$p = 0.156$）。然而，收入、年龄和受教育程度却影响到他们对称谓的看法。

首先，收入影响他们对称谓的看法，收入高出平均水平（平均年收入为 6.17 万元）的人群不认可"农民工"这个叫法。分析那些认为自己不是农民工的被调查者，在这部分人中，59.1%的人认为自己与市民没有差别，64.8%的人不希望被他人称呼"农民工"，69.9%的人认为城市的繁华与他们是有关的。可见，收入是一个重要的影响指标。新生代农民工外出打工最主要的目的就是提高经济收入，实现或初步实现了这一目标的人在心理上就更靠近城市人一些，经济状况的改善直接影响到他们改善住房、生活消费、教育子女和赡养老人。反过来，住房得到改善，生活消费水平提高，子女的教育费用不再捉襟见肘，赡养老人不再拮据，这些给予他们更多自信，使他们在心理上更加认同城市生活。

其次，年龄越小，对世界越是充满着梦想。将年龄与"是否认为自己是农民工"的说法结合进行分析（$r = -0.222$，$p = 0.000$），发现年龄越小，越同意"我不认为我是一名农民工"的说法，他们大多认为自己就是工人，不理解为什么要强调"农民"二字；而年龄大的人更倾向于认为自己属于农民工这个群体。在访谈中，一位年龄较大的被访者说道："我就是农民工啊，这没有什么好隐藏的，我老家就在农村，来到城市里打工，叫农民工没错的。"（北京皮村务工者）可见，年轻的新生代农民工对"工人"身份更渴望，排斥自己的"农民"身份。

再次，除了收入、年龄影响其心理认知外，受教育程度也会对新生代农民工群体称谓的认知产生影响。随着受教育程度的提高，他们对自我的认知和自我主体性随之提高，表 2.6 是被访者认为自己"不是农民工"的态度与其受教育程度的交叉分析，在没有上过学或者只有小学学历的农民工中，有 73.4%的人倾向于认为自己是一名农民工，高中及以上学历的人做出这一回答的比例只有 38.3%，即受教育程度越高的人，越倾向于认为自己不属于农民工。不同性别的新生代农民工对"农民工"的称谓没有显著性差异（$\chi^2 = 6.362. p = 0.174$），说明性别不是建构新生代农民工自我认知的主要因素。

表 2.6　不同受教育程度的调查样本的自我认知

单位：人

		未上过学	小学	初中	高中、职高、技校、中专	本科、专科	总计
不是农民工	非常不同意	1	10	65	29	17	122
	比较不同意	1	2	46	41	7	97
	说不清	0	2	21	26	12	61
	比较同意	0	3	18	46	5	82
	非常同意	0	0	29	47	18	94
总计		2	17	189	189	59	456
$\chi^2 = 47.890. p = 0.000$							

与此同时，这些被调查者虽然不愿承认自己的农民工身份，但面对现实，他们承认自己与当地市民之间确实存在差别，对他人口中"农民工"的称谓表示排斥和无奈。这也反映了新生代农民工在这个问题的认识上游移不定，以及对自己身份认识的模糊和不确定。以下几个问题反映了同样的事实，"我与这个城市的市民没有什么区别"（$M = 3.14$，$SD = 1.423$），"这个城市无论如何繁华和我都没有什么关系"（$M = 2.39$，$SD = 1.296$），"我不希望被人称呼为农民工"（$M = 3.24$，$SD = 1.298$）（从不同意到同意以 1~5 分计算均值和标准差）。他们只能将留在城里的念想留在梦里，他们参与了城市的建设，却无法享受建设的果实，住而不能居，不能不令人悲哀。

（三）负面的职业认知

对在城市打工的群体而言，从事某个职业，既有投奔老乡、亲戚从事这一行业的偶然性，也是自我选择的必然结果。这份职业往往决定了他们在城市中的劳动所得和社会福利。近年来，党和政府制定和出台了许多保障农民工社会福利待遇的政策，劳动仲裁制度也保证了农民工群体的最低收入和再就业等，但当这一庞大群体的就职、薪水、福利等落在具体的用工企业头上时，因为企业运行状况、营收能力、用人机制等各不相同，可能存在个别用工单位不能完全给予农民工应有的保障和福利的现象，甚至还有恶意拖欠工资的情况。调查数据显示，全部拥有"五险一金一补贴"（医疗保险、养老保险、失业保险、工伤保险、生育保险、住房公积金、住房补贴）的被调查者仅为20人，不到整体的4%（见表2.7），没有"五险一金"的被访者超出一半。规定的劳动保障与艰辛的劳动付出不相匹配，应享有的福利保障缺位或很少到位。

表 2.7 "五险一金一补贴"拥有情况 （n=456）

单位:%

"五险一金一补贴"	提供	不提供	不清楚	不适用
医疗保险	32.9	50.4	4.2	12.5
养老保险	29.2	52.9	5.5	12.5
失业保险	24.1	57.7	5.7	12.5
工伤保险	33.3	49.8	4.4	12.5
生育保险	24.3	57.5	5.3	12.9
住房公积金	18.0	64.5	4.8	12.7
住房补贴	11.2	72.4	3.7	12.7

除了缺乏"五险一金"等社会保障以外，新生代农民工每天都忙碌在自己的工作之中，工作时长、工作自主性、在职场中是否有升迁的机会、薪水如何等，同样影响到他们对职业的认识和评价，如表2.8所示，他们对薪水的满意程度的均值（3.31）最低，对职业能够给予未来的发展帮助和社会声望的期望不算太高，对工作时长和工作自主性也有不满意之处。

表 2.8 被访者对工作内容的态度 （n=455）

单位:%

工作方面	均值	标准差	满意+比较满意占比
薪水	3.31	1.022	14.5
工作自主性	3.80	0.961	9.2

续表

工作方面	均值	标准差	满意+比较满意占比
工作时长	3.59	1.028	13.2
工作安全性	4.01	1.001	7.7
升迁机会	4.27	1.470	10.8
发展帮助	3.51	1.147	16.0
社会声望	3.42	0.967	12.7
与同事关系	4.53	0.714	7.7
与老板关系	4.42	0.988	2.4

图 2.1　访员陶逸飞和石家庄的搬运工人交谈　图 2.2　访员张曦萌和北京建筑工人交谈

　　一名在石家庄办理金融业务的农民工对自己的职业和未来有着清晰的认识，由于受教育程度较低，在工作上受到了影响，"升迁，或者跨入一个更高的阶层，就会受到学历的限制。每月收入万儿八千，这个工作让我认识很多朋友，积累很多人脉，虽然在社会上金融行业是高大上的行业，但和我们的关系不太近"。1987 年出生于河北沧州，居住在北京皮村的王先生是个"老北京"了,靠木工手艺赚钱,每月七八千仍觉得少,在北京工作了十多年,对国家制定和实施的诸如支持外来务工人员返乡创业、解决外来务工人员工资拖欠等相关政策不了解,也不关注,"感觉不怎么有用"。对京津冀协同发展,他的看法是"对我们来讲,我们个人的话感觉没啥影响,对家乡、北京,感觉不是我们所关心的事儿"。对如何提高外来务工人员的社会影响力,王先生的观点是"你得有关系,有人气,才能往外发展。没有关系,没有认识的人不行"。

卡斯特认为,认同的社会建构总发生在标有权力关系的语境里,有必要将构建认同的形式和来源分为三种。第一,合法性认同(legitimizing identity),由社会支配性制度所引入,以扩展和合理化它们对社会行动者的支配。第二,抗拒性认同(resistance identity),由那些地位和环境被支配性逻辑所贬低或污蔑的行动者所拥有。这些行动者筑起了抵抗的战壕,并在不同于或相反于既有社会体制的原则上生存下来。第三,规划性认同(project identity),社会行动者基于通过各类途径到手的文化材料,建构一种新的认同以重新界定他们的社会位置,并借此寻求社会结构的全面改造。[①] 工资薪水和社会保障福利制度性地给予新生代农民工收入合理性,但不尽如人意之处也会被解读为较为底层的社会群体或边缘群体,作为另类群体需要一定的引领来寻求全面社会转型的认同。北京皮村新工人中心、天津新市民工友文化服务中心帮助新生代农民工重新界定其社会地位,寻求社会转型的认同。

三 社会认同的面向

日常谈话能够反映交谈者内心的真实想法和观点,从谈话的文本中提出六个主题类型,包括家乡和发展,打工城市的社会生活,职场环境、群体以及国家法律等规定,还有社交媒体、网络等嵌入日常的媒介工具。

---

① 〔美〕曼纽尔·卡斯特:《认同的力量》(第二版),曹荣湘译,社会科学文献出版社,2006,第6~7页。

这些要素和制度的引入构建了新生代农民工的社会认同。社会学学者亨廷顿提出的"多维社会认同"与日常话语中提炼的主题类型相关,成为社会认同不同面向的来源。

(一) 群体认同:排斥标签化的身份

群体认同,即群体身份认同,也就是对自己归属于哪一类群体的认识。群体身份认同的功能之一就是社会分类,通过社会分类,人们可以将认知对象划分为两种类型:与本群体相似的人、与本群体相异的人。

由于社会、经济、历史的复杂原因,新中国成立后我国曾实行过限制农村人口流动的政策。改革开放和市场经济的发展需要使得限制人口流动的政策和管理有所松动,随后陆续出现大量向城市流动的"农民工",即拥有农业户口、被他人雇用从事非农活动的农村人口。新生代农民工是在改革开放后出生并成长起来的一代人,他们中有部分甚至伴随"迁移"的父母,出生在城市、生长在城市。如此来看,相较父辈而言,新生代农民工的乡村生活经历更短、受教育程度更高,对农村生活尤其是农活儿是陌生的。"迁移"的结果是本属于农民的他们离开了乡村,但"迁移"的事实也明白无误地说明,他们虽然居住和生活在城市中,但并不属于城市。

因此,本地与外地的划分是他们首先遇到的一种身份尴尬。调查数据显示,有72.8%的新生代农民工认为自己不属于工作和生活在城市的本地人,只有13.4%的人认为自己属于本地人,认为自己是新本地人的比例最少,只有7.9%。所谓"新本地人",即搬迁来此地生活、拥有本地户口的人。在北京、天津和石家庄工作的人对这个问题的看法并不一致。运用卡方检验对三地新生代农民工的数据进行分析后发现,他们对这个问题的看法或认知呈现显著性差异,即完全不一样(见表2.9)。

表 2.9　调查样本认为自己是否为本地人

单位：人

		本地人	新本地人	外地人	说不清	总计
城市	北京	0	6	144	6	156
	天津	9	14	118	9	150
	石家庄	52	16	70	12	150
总计		61	36	332	27	456

$\chi^2 = 108.05, p = 0.000$

　　虽然新生代农民工认为自己不属于"本地人"，但认为自己与在这里工作生活的城市人没有什么不同（$M = 3.14$）。结合另一个询问的问题"我不认为我是一名农民工"（5 分赋值），计算后的均值 $M = 2.84$，说明被调查者对此问题拥有相对较低的认可程度（见表 2.10）。用年龄和"对农民工称谓的看法"再次做交叉分析，得出的结论与前文相同，即年龄越小，越同意"我不认为我是一名农民工"这种说法，对农民工这一群体的认同度也就越低（$r = -0.222, p = 0.000$）。相反，他们更愿意用"新工人"称呼自己。

表 2.10　调查样本对自己的身份认知

题项	均值	标准差	F	Sig.
我与这个城市的市民没什么区别	3.14	1.423	8.796	0.000
这个城市无论如何繁华和我都没什么关系	2.39	1.296	6.008	0.003
我不认为我是一名农民工	2.84	1.506	4.687	0.010
我不希望被人称呼农民工	3.24	1.298	1.865	0.156

注：表中均值从"非常不同意"到"非常同意"分别赋值 1~5 分。

　　"天津-汽修店员工何先生"是河北衡水人，他曾在北京、天津两座城市打工。谈到对"农民工"身份的理解，何先生认为自己不应被纳入这一群体。"一般说的'农民工'多数指干建筑方面的那些人，我没有感觉自己是农民工，就是一般的工薪阶层吧。"他反问访员："你们这种上过学、有学历的人以后参加工作没户口的话不也属于这种吗？大家都一样。"受访者"天津-电子厂操作工李女士"既不认可自己归属于"农民工"群体的说法，也不希望被人称作农民工。她从代际的角度出发，认为"农民工"的身份标签不适用于自己，可能指父辈一代，"我们新一代的不太算吧"。

对身份的认知和认同是一个较为复杂的问题，如卡斯特所指出的，要指明是如何、通过谁、从何处、为了谁建构了认同。国家对农民工的制度性安排、他们从事行业的技术门槛、受教育程度、收入待遇，在很大程度上共同建构了他们对自我身份的认知和认同。针对"我与这个城市的市民没什么区别"的回答结果显示，三个城市的新生代农民工的认识有显著不同（$F = 8.796$，$p = 0.000$）。这个结论同样适用于下面两个问题，即"这个城市无论如何繁华和我都没什么关系"和"我不认为我是一名农民工"。而且，工作在石家庄的新生代农民工对自己不是农民工的认同程度最高（$M = 3.45$），天津次之（$M = 3.19$），北京最低（$M = 2.79$）。农民工离开农村、进入城市，为城市的蓬勃发展做出了巨大的贡献。但若认为此种繁华于己无关，反映的是无法融进城市的无奈和由此生出的漠然。方差检验只能说明三个城市农民工认知的不同，无法具体体现它们之间的差异。运用事后多重比较，发现这种差异主要来自北京与石家庄之间（$p = 0.006$），即持这种看法的多来自北京，有30.7%的新生代农民工认为城市（北京）繁华与自己无关，在天津和石家庄，这一问题同样的答案占比分别为23.4%和18.7%。递减式的比例反映的是一线城市中农民工难以融入当地社会的困境。这不仅缘于经济消费、房租、子女教育等方面的压力，也有竞争激烈、高强度、快节奏的生活方式带来的焦虑，这些都是新生代农民工社会融合和社会认同出现障碍的原因。

城市的冷漠人情为新生代农民工融入城市筑起一道心理屏障。受访者"北京-酒店厨师白先生"坦言，来北京工作十年仍感觉自己没有融入这座城市，"挤进北京太累了"。他对工作很满意，也喜欢北京的良好治安，但高消费和快节奏让他常常感觉步伐跟不上。比起户口和住房的现实难题，更让他直观感受到"压抑"的是公交车上本地老人的排外情绪和整座城市"人情味"的缺失。"北京哪儿的人都有，也都不认识，没有老家的那种人情味，随着时间越来越久，感觉很讨厌这座城市了。"与白先生相似，多位受访者表示自己最难以适应的是城市中的人情淡漠。"邻里之间的关系挺冷淡的，见了面也不打招呼，主动说话的很少，在老家就不会这样，邻居之间都很亲"，"城市没有农村待得自在，事儿太多，而且人情太淡薄，没有农村那么淳朴"。除了淡漠，有的受访者还表示曾感受到来自本地居民的排斥与歧视，在对立情绪中他们为"城里人"贴上"傲慢""排外""刻薄刁钻""心眼儿多"等标签。受访者"北京-纹绣师李女士"形容北京本地人"有一种小市民的感觉"，在描述中，她曾因为骑电动车的时候鸣笛被站在前面的本地老妇诟骂，也见过在黄瓜菜摊前有本地人"恨不得把什么都给你榨干了"的讲价阵仗，"虽然说是本地人，还没有我们农民工有素质，也不如老家人来得爽快大方"。

除了"人"的因素，城市自身的环境与生活方式有时也让农民工群体无所适从，成为其难以融入城市的另一因素。受访者"北京-校园服务业从业者"从老家甘肃来到北京，接受访谈时已在北京居住了 16 年，他直言最大的不适是"城市里边憋得慌，没有家乡自由，我们那最起码空气是新鲜的"。他计划等年纪大了回到老家养老，"毕竟城市不适合我们"。有类似感受的还有受访者"天津-杨先生"，刚到天津一年的他很怀念在老家时友邻在村里广场散步、聊天、跳舞的场景。来到城市后，他发现同事们各自回到宿舍上网，自我封闭，鲜有交流，而他自己好像"待在一个钢筋水泥的牢房里，谁也不认识"。杨先生不明白城市里的这种封闭从何而来，只是这种"没有爱"的城市环境加上待遇不及预期的工作，让他产生去别的地方转一转再为未来做决定的念头。同样年轻的受访者"天津-销售员温先生"对城市的情感则更为复杂。一年前他在朋友的建议下只身从老家邯郸来到天津的工厂工作，那个高度机械化、重复性的工作让他与社会隔绝，感觉"像进了监狱"。后来他离开工厂，从事销售工作，相比上份工作，新工作的内容和环境让他更适应，工资待遇也让他满意，但他仍时不时对工作的稳定程度感到迷茫。"我想的比较多，我不确定在这个店里会干多久，万一有什么事情离开了，下一步会往哪走，会不会永远从事这个行业，未来想做什么，在哪个城市，这些都让我迷茫。"来到天津之前，温先生曾经去过北京、安徽和江苏，在辗转中他发现自己很难喜欢大城市，大城市给他压力，让他迷茫。"无论天津还是北京，我都没有安全感，城市越大我越没有安全感，感觉不像自己的城市。"温先生称自己以后不会留在天津发展，但是也不会回到农村，他计划回到家乡的城市。

美国社会学家莱文斯坦曾将人口迁移的原理总结为"推拉模型"，其中"推力"包括原居地不利于生存、发展的种种排斥力，而"拉力"是移入地所具有的吸引力，它可以是大量呈现的新机会，也可以是仅仅针对某一小群体的特殊机遇。唐斌的研究认为，我国的城市农民工因同时承受来自城市与家乡农村的外推力而形成了"双重边缘人"的身份认同，其中城市的外推力包括户口制度、城市人的排斥态度，以及较低的经济收益，农村的外推力则来自村民对进城打工行为的美化与鼓励。①本次调研发现，城市的风土人情直接、持续地影响漂泊着的农民工群体的情感。比起户口、住房、消费、求职等现实因素，农民工对于城市的感性认知和对其所属群体的身份界定也在一定程度上影响着他们在城市务工时的处境与心态，偏见和淡漠的人情构成了农民工在心理层面融入城市的推力，并进一步影响其做出去留与否的决定。

综上，新生代农民工在群体认同上并不认可"农民工"这一称谓。相关分析发现，越年轻的农民工对此越发拒绝。因此，在新的社会背景、媒介化环境中成长起来的新生一代，排斥自己的"农民工"身份，同时"新工人"等称呼也反映了他们欲摆脱"非工非农"的境地，渴望获得社会认可的一种意愿。部分农民工难以适应城市的人情交往与生活方式，这为其在心理归属层面融入城市增加了挑战。

---

① 唐斌：《"双重边缘人"：城市农民工自我认同的形成及社会影响》，《中南民族大学学报》（人文社会科学版）2002年第S1期。

（二）地域认同：不认他乡作故乡

地域认同即地域身份认同，指新生代农民工对所在地的认同。在某种程度上，地域认同是对地域成为制度化过程的一种解释，是一个各种领域的边界、象征和制度形成的过程；同时，这一过程引起并受到谈论习惯仪式的限制，从而形成边界、象征和制度习惯。地域认同在农民工那里，更多地反映了制度化的保障以及话语仪式等方面的排他性。而定居和购房则提供了制度化的保障和话语仪式的排他性。

从定居打算来看，京津冀三地有 27.0% 的新生代农民工打算长期在当地生活，18.2% 的人考虑到其他城市生活，22.8% 的人打算回老家。打算长期在当地生活的人中，石家庄的比例最高（56.9%），天津次之（28.5%），北京最少（14.6%）。以各城市调查样本数作为基数计算，打算长期在石家庄生活的比例是 46.7%，天津为 23.3%。北京为 11.5%。用同样的方法得出"打算回老家"的人数比例分别为北京 36.5%、天津 22.7%、石家庄 8.7%（见表 2.11）。

表 2.11　三个城市调查样本的定居打算

单位：人

		长期在本地生活	暂未考虑	考虑其他城市	打算回老家	总计
城市	北京	18	52	29	57	156
	天津	35	52	29	34	150
	石家庄	70	42	25	13	150
总计		123	146	83	104	456
$\chi^2 = 63.613, p = 0.000$						

中国人思想中的"安居乐业""有家有业"基本上主导着人们对居所的想象和实践。怀揣梦想到城市打工的人们，可能都有一个购房梦，却止步于巨大的现实困难面前。从购房意愿来看，总体上近一半的新生代农民工没有考虑在城市买房，15.6% 的人甚至根本没有想过这个问题，显然是盘算过自己的收入和城市房价之间的巨大差异。只有 25.7% 的人

考虑在本市（指石家庄）买房。在石家庄20.7%的新生代农民工已经购房，还有38.0%的人考虑会在当地购房。北京的新生代农民工不考虑在本市买房的比例是76.9%，天津市这一比例为44%，介于北京和石家庄之间。

表 2.12　三个城市调查样本的购房意愿

单位：人

		考虑本市买房	不考虑本市买房	没考虑过	已购房	总计
城市	北京	16	120	19	1	156
	天津	44	66	29	11	150
	石家庄	57	39	23	31	150
总计		117	225	71	43	456

$$\chi^2 = 101.683, \; p = 0.000$$

农民工群体倾向于将住房视为影响其能否在城市"扎根"的关键因素。虽然受访者普遍表示在打工城市购房的经济压力很大，但北京、天津、石家庄三地之间的差别十分明显。在北京和天津工作的农民工明确表示不会在该市购房，未来可能离开该城市回到老家或去别处发展；而在石家庄的农民工更愿意长期在该市发展，相对低的房价和其他因素，让他们综合权衡后做出这一决定。

一名来北京工作5年的"北京-前台服务员"，她的长辈、丈夫、孩子都在河北赵县老家，一个月四千多元的收入让她无法将孩子接到身边共同生活，在北京"买不起房子"是她必须直面的现实难题。未来她打算回到老家，具体从事什么工作还没有想好。还有一名已经在北京工作了7年的"北京-工人李先生"，他的儿子在北京皮村的同心实验学校读书，"以后还得走"。李先生留在北京是因为这里的收入更高，"郑州拿不到这么多钱"，他的规划是在北京攒钱为儿子在河南郑州买房。一名"天津-餐饮业从业者"虽然刚来天津一年，但是已断言自己在天津"买房子是不可能的了"。租房对她而言不是长久可行之计，"租房子就像没有根一样，就这么漂着，没有实实在在的家"，她未来也计划回到老家。

有类似经历的农民工还有很多，他们在年轻的时候出于想"长见识"或是学技术、攒钱的心理来到大城市，随着年岁增长组建了家庭，离开大城市的倒计时随之开启，他们开始面临买不起房、老人缺乏照顾、小孩在当地入学困难或是长期留守老家等现实难题，回老家或在家乡省会城市定居成为很多"北漂""津漂"的归宿。来自驻马店的受访者"天津-杨先生"表示父母希望他未来去郑州发展，"他们说我在北京太辛苦了，又没有房子和户口，什么都贵，还不如回郑州"。杨先生自己也同意这一规划，"回到家虽然挣得少，但是用的地方也少啊，再一个回家亲戚朋友也多，在外面你是孤独的"。

相比北京和天津，在石家庄买房、定居显得要现实得多。一名"石家庄-餐厅老板"在接受访谈时刚来到石家庄两个月，此前他在济南和北京分别打工5年和9年。他认为自己对北京毫无归属感，"那只是挣钱的一个地方"，相比之下，仅居住了两个月的石家庄给了他希望。"就房价来说，在北京毫无希望，在石家庄努努力还有希望。"还有"石家庄-赵先生"来石家庄已经17年了，他称自己最大的收获就是在这里安家立业。赵先生已在石家庄购房，妻子是石家庄本地人，孩子有石家庄户口，他以后计划留在石家庄发展，在运城老家的父母由哥哥照料，"我不常在身边，承担的较少，所以多出点钱"。受访者"石家庄-化妆品导购员"已在石家庄工作10年。在房屋买卖方面，她曾历经多次波折：在老家结婚的时候家里买了一套婚房，不久后她的爱人做生意需要用钱，婚房被出售。后来夫妻二人在石家庄又购置一套房屋，因为生意又被出售，两桩生意的发展都不如预期，目前全家在石家庄租房生活。"没有买房子，即使在这待再长的时间也会有一种被歧视的感觉。比如说有的人会问'你在哪儿住呢？'我会说我在哪个小区，然后对方会说'哦，这儿啊！是你买的房子吗？'一问到这儿，心里就会有点自卑感。我回答完，对方就说'原来你是租的房子呀，那你可得赶紧买一个房子啦！'自己感觉还挺受刺激的。"这位受访者称虽然两口子现在挣得不多，但是仍不会放弃买房的念头，"都会有的"。

　　京津冀三地新生代农民工的地域认同有着十分明显的差异，北京、天津、石家庄的认同程度依次递增。出现这一情况，一方面与石家庄、天津、北京三地的政策、房价的差别有关，也与农民工对城市生活的感性认识有关。有学者研究了区域性制度分割问题，认为地方财政分权体制下的城市社会保障是偏向本地市民的，外来人口——无论农民工还是"外来市民"，在保障获取上都处于不利地位。地方保护的弊端给农民工带来的问题不外乎购房居住困难、对子女未来去留的迷茫，尤其是一线城市北京，居高不下的房价和政府推出的一系列购房限制措施，都会使他们望而却步，改变主意。另一方面，与新生代农民工对"本地"（自己出身之地）的认同有关。在调查中发现，新生代农民工对于"本地人"这一身份的自我认知建立在对"本地"约定俗成的概念上，认为只有家乡所在城市与目前工作所在城市相一致才能被称为"本地人"。在本研究的调查问卷中，石家庄市的新生代农民工近八成来自河北省内，因此他们是"石家庄本地人"，对于这部分人而言，"乡城迁移"没有背负"流离失所"的沉重包袱，相反，他们就是从河北乡村到省会城市，这是一种望得见的"进步"和"提升"。为此，他们更愿意在石家庄买房，将来让子女在石家庄发展。

　　北京、天津和石家庄新生代农民工的地域认同表明，对于本省内农民工而言，其对城市的认同度较高，这种认同仍旧是一种对"本地"的认同。相反，对于跨省迁移者而言，地域认同度较低，城市的居住和生活并未使他们消除对"异乡"的心理隔阂。制度性房价保障是其中的关键因素，还有公共空间中市民给予的尊重和礼貌、全社会的理解等，这些都会作为拉力，"拉近"城市和他们的距离。

（三）地位认同：城市底层的工作群体

　　地位认同，指的是新生代农民工对"我的社会经济地位归属于哪一个阶层"的认识。早在 19 世纪，卡尔·马克思、马克斯·韦伯等人就开始关注社会分层问题。

随着我国农村人口大量流入城市，乡城移民的社会地位也引起学者的注意。本研究以新生代农民工所认为的个人综合经济地位、收入水平、消费水平三项指标来衡量其社会地位。结果如上一节所述，调查样本多认为自己的综合经济地位处于所在城市的下层、中下层和中层，这三者占比合计为96%，均值为2.07，处在社会阶层结构的整体偏下水平。收入水平和消费水平亦为中下层水平（中层及以下占比分别为94.9%和84.6%，均值分别为2.13和2.5）（见表2.13）。将京津冀三地进行对比，发现三者间并没有显著性差异，这一点与已有研究结论一致。

表2.13　调查样本的地位认同

单位:%

	综合经济地位	收入水平	消费水平
下层	33.1	26.5	21.3
中下层	31.1	39.5	26.5
中层	31.8	28.9	36.8
中上层	3.5	5.0	11.6
上层	0.4	—	3.7
总计	100	100	100
平均值	2.07	2.13	2.5
标准差	0.909	0.862	1.065

其次，研究认为，新生代农民工对于自身的地位认同归根到底是由其在城市获得的"经济收入"决定的。农民工的最初愿望是通过进入城市谋求工作机会、提高经济收入，以此获得更高的社会地位。但调查结果显示，他们2016年年收入的中位数为5万元（均值为5.7万元），属于国家统计局收入标准划分中的"较低收入人员"。他们对此有着清醒的认识，超过六成认为自己处在中下层和下层收入水平。因此，"中下层和下层收入水平"的认识使得新生代农民工自然而然产生了对社会地位的较低认知。

除了收入，城市生活的消费水平和城市居民的消费习惯也对农民工的地位认知产生影响。"北京-建筑工人黄先生"明显感受到北京的消费远高于河南老家。"就打个比喻，在这吃一顿要花二十多块钱，在老家可以吃一天，可能一天都吃不完的。"从前没有小孩的时候他花钱"大手大脚"，每个月需要消费四五千元，"基本上一年到头挣的钱都花掉了"。黄先生的妻子和小孩都在老家，未来他打算回家发展，"在这边打工一辈子还是打工，没啥前途"。受访者"石家庄-外卖小哥董先生"在送餐过程中更直观地感受到了城市不同阶层的人们生活水平和消费能力的不同。"干了一段时间后，我发现送餐的小区有的特别小，有的比较高档，三四万一平。有人住一天酒店就一千多块钱，他一天的消费可能顶你一月的工资。人家在奋斗的时候你也在奋斗，但是你的脚步跟不上人家，差距在这儿。"但他也看到了自己的发展与成长，付出的努力能够有回报，让他不至于产生较大的心理落差。

在城乡消费习惯差异方面，部分人认为农村人习惯将钱花在衣食住行等实用的地方，娱乐消费较少，相比于追求品牌，他们更愿意为物美价廉的商品买单。受访者"北京-酒店领班彭女士"秉持上述消费观念，"我觉得有些东西该买好一点的还是要买好一点的，但是没有必要追求奢侈品。比如说，如果一个100多块钱的包和一个1000多块钱的包都是一样的，我会选择100多块的包"。她还将社会地位与消费行为相联系："我觉得如果没有到那个社会地位就没有必要买那些奢侈品。"受访者"石家庄-化妆品导购员"曾觉得本地市民"随随便便穿点什么衣服就不一样，可能是她本身的气质带出来的"，而自己"穿得土不拉几的，像一个村姑一样"。至于产生这种感觉的原因，她认为彼时的自己是自卑的，不如本地市民，但随着接触增加，对于本地市民的印象也在改变。"他们的自理能力、交流能力可能还不如我，我感觉自己不比他们差，就是基础差了点，起步晚了点，以后我努力上班挣钱也可以给孩子提供好的教育。"

像上述那位化妆品导购员一样，更多的新生代农民工开始不卑不亢地看待自己在城市中的地位。受访者"北京-酒店厨师张先生"来北京12年，他对农民工在城市建设和发展中的作用有着较为明晰的认知。"农民工在中国都属于最底层的人，但是城市的发展全靠着这些人呢，没有这些最底层的人，北京哪来的高楼大厦？我以前刚刚不上学的时候，也干过工地工人，都知道多辛苦。城市人也不是说就比谁高人一等，没必要歧视。"也有部分新生代农民工突破"低人一等"的心理枷锁，找到了城市中的自处之道。受访者"天津-汽修店员工何先生"认为，社会地位取决于他人对自身的评判，"只要你好好干工作，别人就会认可你，主要看你工作干得怎么样、做人做得怎么样"。1991 年出生的受访者"北京-河北籍建筑工人"清晰觉察到城市与乡村、北京与家乡在思想观念、风俗习惯方面存在的诸多差异，但他坚持"是哪里的人就保持哪里的本色，没必要迎合某一个地方的特征，不论在哪里保持文明就好"。

对于如何提高农民工群体在城市当中的地位与影响力，多数受访者认为根源在于经济收入的提升。"提高外来务工人员的福利，待遇上去了，地位就会上去了。"部分受访者寄希望于本地居民改变自身观念、"开放胸怀"。也有受访者认为国民素质的整体性提高自然会带来农民工群体社会地位的改变，例如汽修店员工何先生认为城市居民对外来务工人员的偏见来自父辈一代，"那一代的文化水平和道德素养是要偏低一些，以至于城里人长久以来对外来务工人员形成了'素质低、没文化'的偏见，并且延续至今。目前看来，新生代的外来务工人员已经有了很大的改观，并不像城市人认为的那样差了"。也有受访者认为"提高社会地位""提高影响力"本身是无意义的命题，对于工作和生活的影响不大，"做自己该做的事情就可以"；另一些受访者认为相比于社会地位的提高，对农民工群体而言更有意义的事情是为其提供法律和制度的保障，解决工资拖欠、打工被骗等问题，增加就业机会。"为啥要提高社会影响力？我觉得不是社会影响力的问题，只要法律到位了，自然就有了保障"，受访者"北京-校园保安赵先生"称。

（四）职业认同：最令人满意的是同事

职业认同，即职业身份认同，是对"所从事职业认同程度"的回答。已有研究表明，新生代农民工及其父辈的职业转换很大程度上取决于群体的职业倾向，迁移者倾向于从事自己相对熟悉的职业。本次调查显示，新生代农民工最多的职业身份是商业、服务业人员（67.8%），其次是专业技术人员（14.5%）和生产运输设备操作人员（11.4%）；从事最多的行业分别是住宿和餐饮业（28.7%）、建筑业（14.5%）以及批发和零售业（14.3%）。由此可见，新生代农民工所处的职业和行业技术门槛低且多为劳动密集型产业（见表2.14）。

表 2.14　京津冀三地新生代农民工所处行业描述性统计

单位：人

行业	北京	天津	石家庄	总计
住宿和餐饮业	48	47	36	131
建筑业	43	14	9	66
居民服务、修理和其他服务业	14	13	26	53
批发和零售业	12	20	33	65
制造业	10	20	2	32
租赁和商业服务业	8	2	5	15
交通运输、仓储和邮政业	5	10	17	32
公共管理、社会保障和社会组织	5	5	0	10
电力、热力、燃气及水生产和供应业	3	2	1	6
文化、体育和娱乐业	3	0	8	11
教育	2	0	1	3
金融业	1	0	7	8
房地产业	0	14	2	16
科学研究和技术服务业	0	3	0	3
卫生和社会工作	0	0	2	2
信息传输、软件和信息技术服务业	0	0	1	1
其他	2	0	0	2
总计	156	150	150	456

$\chi^2 = 139.779$，$p = 0.000$

2013 年 9 月 26 日，国家人力资源和社会保障部发布了《社会保险费申报缴纳管理规定》，要求用人单位进行缴费申报的社会保险费包括职工基本养老保险费、职工基本医疗保险费、工伤保险费、失业保险费和生育保险费（简称"五险"）。但此次调查显示，京津冀三地被调查的新生代农民工中仅有 22.37% 的人享有"五险"，依法缴纳住房公积金的用人单位更为稀少。在所调查的 456 人中，用人单位提供"五险一金一补贴"（医疗保险、养老保险、失业保险、工伤保险、生育保险、住房公积金、住房补贴）的总共有 20 人，不足 4%（见表 2.15）。此外，由卡方检验可得，京津冀三地的用工单位在为新生代农民工提供基础保障（养老保险、医疗保险、工伤保险和失业保险等）方面并无显著差异，在城市住房保障方面还有很大改善空间。若仅从频数来看，天津市情况略好于京冀两地。

表 2.15 用人单位提供社会保险和住房补贴的情况

单位：人

基础保障	城市			总计
	北京	天津	石家庄	
五险一金一补贴	4	10	6	20
五险一金	18	27	22	67
三险一金	18	28	22	68
五险	37	36	29	102
三险	37	41	30	108

尽管京津冀三地新生代农民工所处的职业行业、收入水平以及享有的基础保障均有不尽如人意的地方，但是本研究发现，新生代农民工职业认同的总体满意度为 3.79，整体呈现中等偏高的状态。通过分析可知，他们职业认同较高的原因是在职场上和同事处得来，扩大了职场人脉，这在一定程度上弥补了收入和福利保障的不足。

为了详细分析新生代农民工对职业的认同，本研究列出了薪水、工作自主性、工作时长等指标，使用李克特 5 级量表。通过因子分析

（KMO＝0.828，Bartlett 球形检验 p＝0.000）降维，提取出职业认同的两个公共因子。

如表 2.16 所示，公共因子 $F1$ 负荷值较大的，多为与职场性质有关的题项，如"工作时长""工作自主性""升迁机会""社会声望""薪水""发展帮助""工作安全性"等。职场上的人际关系也是影响职业认同的重要因素，公共因子 $F2$ 负荷值较大的题项，多与人际关系相关联，诸如"与老板关系""与同事关系""与下属关系"等。由此，将两个公共因子分别命名为"职场工作"（$F1$）和"人际关系"（$F2$）。

析出两个公共因子后，再对调查对象的职业认同和评价做出细致的分析，得知 55.27% 的被调查者对职场工作（$F1$）感到满意，12.85% 的人感到不满意，还有 31.87% 的人认为一般。而 87.17% 的被调查者对职场人际关系（$F2$）感到满意，认为一般的占 11.43%，1.40% 的人不满意。二者满意程度的差距与上述职业基础条件状况有着密切关系，只是职业基础条件状况的不足尚未造成对"职业工作性质"大面积的负面评价。

表 2.16　因子分析结果与职场满意度

	职场工作 $F1$	人际关系 $F2$
工作时长	0.791	—
工作自主性	0.723	—
升迁机会	0.715	—
社会声望	0.705	—
薪水	0.672	—
发展帮助	0.600	—
工作安全性	0.524	—
与老板关系	—	0.879
与同事关系	—	0.867
与下属关系	—	0.830
满意均值	3.5671	4.310

	职场工作 *F*1	人际关系 *F*2
不满意占比	12.85%	1.40%
一般占比	31.87%	11.43%
满意占比	55.27%	87.17%

注："不满意"由"非常不满意"和"比较不满意"两项组成；"满意"由"非常满意"和"比较满意"两项组成。

如表 2.17 所示，在职场工作性质中，新生代农民工对"薪水"的满意度最低（ $M = 3.31$ ），对职场人际关系满意度很高，接近 5 分。对他们所从事的"行业"与"薪水"的评价进行方差检验，结果并无差别（ $F = 1.524$ ， $p = 0.087$ ），可知新生代农民工对于薪水的满意度"一般"的情况，并不随行业的变化而变化，具有普遍性。

表 2.17 京津冀三地新生代农民工职业认同得分均值比较

公因子	指标	北京	天津	石家庄	总计	*F*	Sig.
职场工作性质	薪水	3.37	3.27	3.27	3.31	0.435	0.648
	发展帮助	3.38	3.28	3.56	3.40	2.576	0.077
	社会声望	3.36	3.34	3.52	3.41	1.712	0.182
	升迁机会	3.41	3.45	3.53	3.46	0.315	0.730
	工作时长	3.67	3.47	3.63	3.59	1.659	0.191
	工作自主性	3.94	3.69	3.77	3.80	2.685	0.069
	工作安全性	4.01	4.02	3.97	4.00	0.117	0.890
	均值	3.59	3.50	3.61	3.57	0.478	0.621
职场人际关系	与老板关系	4.21	4.16	4.16	4.18	0.147	0.864
	与下属关系	4.29	4.34	4.27	4.30	0.125	0.882
	与同事关系	4.46	4.5	4.39	4.45	1.178	0.309
	均值	4.32	4.33	4.27	4.31	0.563	0.571
均值		3.81	3.75	3.81	3.79	0.205	0.815

注：表中均值从"非常不满意"到"非常满意"分别赋值 1~5 分。

图 2.3 访员俞慧珊与石家庄快递小哥交谈 　图 2.4 访员们走进北京某建筑工地调研

相比于城市青年按部就班学习、工作的成长轨迹，农民工群体的工作经历有时显得更为丰富和复杂。受访者"石家庄−外卖小哥董先生"上初中时父亲生病无法再工作，所以他中断初中学业出来打工。他曾在村里的建筑工地和雪糕厂打工，做过山西特产的销售，还在 20 岁的时候拿打工赚的钱开过两次小吃店，第一次在石家庄，第二次在老家藁城。那时候他一个人负责店面、执照、经营等工作，但结果并不理想，两次创业合计亏损 2 万余元，之前打工攒下的钱几乎花完了。两次不甚理想的创业经历让他发现"做生意还不如打工来钱快"，于是他开始做外卖小哥。董先生对这份工作的工资很满意，但是在交通安全方面的危险性让他心有余悸。董先生有两次"差点被撞"的经历：第一次是他拿手机导航的时候没注意对面过来的自行车，等离近的时候才急忙捏电动车的闸，他被翻下车，此时对面驶来的一辆轿车差点撞到他；另外一次经历是夜晚他在过地道桥的时候忘记开灯，等到快要撞上的时候才发现前面有人，他"立马往墙上撇"，车轱辘顶到了墙，所幸没有撞到行人。除了安全性难以保证以外，董先生还抱怨有的送餐客户说话刻薄刁钻、不懂体谅，"有人会说你怎么才来，你怎么不快点"。但董先生也在工作中感受过温情，他回忆有一次自己在黄灯的时候过马路被交警拦住，拔掉了他的电动车钥匙，到了绿灯的时候交警还给他钥匙，对他说"这样挺危险的，如果给你扣钱的话你这半天就白干了，下回注意"，他希望人与人之间能有更多这样将心比心的交流。

是工作让董先生与石家庄这座城市产生交集，而在他看来这多少有些无奈的意味。他感叹老家的工作机会太少，"如果说我们农村那边的工作、工资能更稳定的话，我感觉在家里发展会比在这边要好"。受访者"北京-餐饮店店员杨先生"也称，他是因为"在老家没什么工作可干"才来到北京。他曾经在老家做装修，"风吹日晒，不如这边工作环境好"。除了机会较多，部分受访者表示对于同样的工作而言，在大城市比在老家工资更高，这也是他们来打工的直接动力。

有时在大城市辛苦找到的工作也不尽如人意。深访资料收集的信息显示，受访者对于工作的不满与其所从事职业的性质关系密切。比如外卖小哥董先生为送餐过程中的安全担忧；从事装修工作的温先生认为收入不太稳定；某运动品牌店员认为工作时间过长；从事建筑行业的李先生经常遇到拖欠工资的情况，时间从几天到半年不等；在工厂上班的夏女士认为机械性的工作缺乏自由，与社会接触有限；做服务员领班的小李认为虽然薪水和职场环境都不错，但是晋升机会有限，做服务员对以后的职业发展也没有帮助；做校园保安的张先生认为工作内容单一，"就是推个门站个岗，以后可能被机器人替代了"……在形形色色的"抱怨"之中，笔者发现收入不及预期和社会保障不足是被多次提及的两类不满。

对于收入不理想的原因，部分受访者认为自己受教育程度不高是关键因素。受访者"天津-电工王先生"认为自己的收入水平处于城市的中下层，"特别后悔当初没有好好上学，学历对现在找工作都是有影响的"。受访者"北京-纹绣师李女士"同样认为自己吃了没有文化的亏，"我以前做销售的时候要面对各种各样的人，有的时候需要办卡、算账，或者顾客说了什么东西，我都理解不了，因为文化比较浅。我特别后悔没好好上学，所以一定要让我的孩子好好上学"。受访者"石家庄-信用卡业务员冯先生"认为自己的文化程度在升迁方面起到阻碍作用。除了文化知识的不足，专业技能的缺乏也让部分受访者对于职业生涯的发展感到迷茫。受访者"北京-校园保安赵先生"认为自己当下从事的职业对以后"啥帮助也没有，就是混日子"，他计划以后学习某种技术，"比如说电焊、开大车、挖掘机，或是建筑方面的吧"。受访者"天津-电子厂工人刘先生"认为相比于学历的那一纸证明，"真正能在工作中用到的脑子里的东西才重要"。他曾经考虑报名机械制图专业的大专课程，但是后来发现通过一些软件也可以自学，"比如北京理工大学的网络教程，很全面的，这个不收费，自己在电脑上就能学"。在闲暇时间，刘先生还会去图书馆，"基本上有时间就会去"。

在社会保障方面，受访农民工遇到的困难各异。受访者"天津-电子厂操作工李女士"来到工厂快一年仍未转正，"而且也没说什么时候可以转正"。据李女士介绍，只有转正以后才有五险一金，而且工资会高一些，但在排队分名额的情况下，她认为转正是个"比较麻烦"的问题。受访者"石家庄-美团外卖小哥"认为公司应该给予更多福利政策，"高温补助、防晒补助什么的没听说过，希望公司夏天温度高的话发一点防暑的东西，水之类的就可以"。还有部分农民工因为没有五险一金而在打工城市陷入看不起病、无法养老的困境。受访者"天津-杨先生"妻子因为怀孕从城市回到老家，生完孩子又回天津打工，他称"我们没有医保，这边哪能生得起，去医院一下得好几万"。受访者"北京-咖啡师"称他自己、妻子和孩子"都没有医疗保险，看病的时候药品钱报销不了，50元的挂号费也比本地人的10元要高出许多"。受访者"石家庄-化妆品导购员"认为，自己没有养老保险就是没有保障，这意味着"我们干到哪天是哪天，如果哪天不干了的话，就没有饭吃了"。

农民工的职业发展一方面与其积累的经验、技能有关，另一方面也与其未来选择的发展地域有关。多数受访农民工表示，离开大城市以后他们将回农村老家或在家乡附近的城市做小买卖，也有人表示会继续从事技术类工作。对于新生代农民工而言，回老家种地已不在他们的职业选项列表中。受访者"天津－汽车配件工人华先生"的这番表述在农民工中很有代表性："像我们这些新生代农民工，虽然家里面种地，但是自己上学时就出来了，根本不会种地，以后回家种地就不太可能。所以打工的时候就多攒钱，学学技术。"

（五）文化认同：乡土情结

文化认同来自不同文化对本土文化以及与其他文化的关系的评估和判断，与特定的文化模式相联系，呈现了文化成员之间对于共同文化的确认程度，是个人和群体界定自我、区别他者、加强彼此的统一感，以凝聚成拥有共同文化内涵的群体的标志。[①] 文化认同来自同一文化群体中的人们对共同历史的知觉和理解，反映的是对共同的历史经验和文化特性的本能和情感。分享相同的文化认同，意味着使用相同的文化符号，遵循共同的文化理念，秉承共有的思维模式和行为规范。[②] 关于文化认同的重要性，厄内斯特·盖尔纳（Ernest Celler）的见解十分深刻："人们的确热爱自己的文化，因为他们现在可以感知到文化的氛围，他们知道自己离开了文化就不能呼吸，不能保持自己的身份的完整性。"[③] 杰里米·里夫金（Jeremy Rifkin）也有同样的看法：文化归属感为人们提供了"一种令自己的声音被人听见、在新的多层世界里保证拥有一片安全避难所的方式"[④]。本书中的文化认同指的是新生代农民工对所在地文化的认同，主要表现为对当地风俗习惯的接纳。

在生活场域的变化中，文化是轻易不变的，文化基因是伴着成长过程中的仪式、符号、家族逐渐被刻进记忆的。年轻的农民工来到城市，

---

① Monica Shelly ed., *Aspects of European Cultural Diversity* (London UK: Routledge, 1995), p. 1194.

② 孙英春：《跨文化传播学》，北京大学出版社，2015，第 24 页。

③ 〔英〕厄内斯特·盖尔纳：《民族与民族主义》，韩红译，中央编译出版社，2002，第 146 页。

④ 〔美〕杰里米·里夫金：《欧洲梦》，杨治宜译，重庆出版社，2006，第 222 页。

追求与城市人一样的生活方式，但仍有 67.2% 的农民工愿意保留家乡婚丧嫁娶的习俗，其中 30% 的人对此持非常肯定的态度。14.7% 的人对此表示犹豫，18.1% 的人觉得不应保留。一位被访者在谈到风俗习惯时的回答很有代表性，"感觉村子里面和市里还是不太一样"，虽然他也注意到了目前农村存在的一些不好的行为，"比如说结婚彩礼，农村现在要彩礼比城市还厉害，不能接受。你可以去网上看，三线和四线、五线城市，要多少的都有，很多地方都比城市高。特别是小地方，比一线城市都高……"他表示这样的行为不能接受，"太攀比了，这种风气不好，一种陋习，不好"。但是他依然认为"婚礼应该在村子里举行，在村子那边都是在家里（结婚），亲朋好友、街坊邻居都到家里面来（很热闹）。在这儿的话都是去饭店。还有很多习俗，比如结婚当天有好多规矩，在这里都不太一样"。被访者表示愿意保持家乡的做法，更深的原因可能是"毕竟家在那边"。家的情结和故乡的亲人，是人生大事中不能缺席的存在。

不过，农民工的文化认同是分层次的。文化差异不仅表现在文化习俗方面，也渗透在日常生活的点滴之处。如饮食习惯、节假日庆祝方式，东西南北中的地域风貌和饮食文化造就了万万千千的习俗。"婚丧嫁娶"是人生中极为重要的事件，即使远离故乡亲人，家乡的风俗还是一定要遵守的。而像节日、饮食等日常生活习惯，农民工都乐意接受，表示"既然来到这里就入乡随俗了"。这也在一定程度上体现了"新生代农民工并没有真正想成为'市民'或实现'完全城市化'"①。

在访谈中我们认识了个别善于将城市公共资源"为我所用"的新生代农民工，受访者"北京-酒店厨师张先生"认为北京吸引他的地方就在于"有很多老家没有的地方"，包括图书馆、博物馆等，他表示空闲的时候就会去图书馆学习。受访者"石家庄-便利店小妹"最初因为读书来到石家庄，毕业后留在了这里。她休息的时候看电影、话剧，有的

---

① 李向振：《跨地域家庭模式：进城务工农民的生计选择》，《武汉大学学报》（人文科学版）2017 年第 5 期，第 63~71 页。

时候还会去漫展。她是汉服爱好者，因为饰品较贵，她学会了自己制作，并将多出的饰品进行销售，其中部分买家就是通过漫展认识的。

虽然新生代农民工向往并乐意尝试城市的休闲娱乐方式，但是对于"婚丧嫁娶"等重大事件，文化基因的传承将在更长的时间内作为他们文化选择的准绳和"定盘星"，被层层包裹的乡土文化的"核心"依然保留在内心深处。

（六）政治认同

政治认同是衡量农民工国家认同的重要指标。亨廷顿认为，文化与族群的多元化趋势是对国家认同的重要威胁。特别是 20 世纪后期以来，中国经历了政治、经济和文化领域的空前变化，不同族群之间的利益多元化、认同多元化、价值多元化趋势日益明显，国家认同也因此存在一定程度的隐忧。[①] 对新生代农民工来说，打工挣钱是他们的主要目的。他们更期望国家多出台能够保障其权益的法律和政策，使他们在城市里更加受到尊重和理解。与用工单位的劳资纠纷和对相关政策的了解程度，是用来了解新生代农民工政治认同的具体方式。对"政策的了解程度"和"相关法规或政策的使用情况"进行调查，前者考察新生代农民工是否有政治意识，是否形成政治认同，如果对政策了解程度偏低，则在一定程度上说明其尚未形成政治认同；后者主要通过考察他们对政策的使用情况反映其政治认同程度，即新生代农民工若倾向于使用政策维权，则在一定程度上表明其政治认同度较高。

近年来，中央推出了一系列关于京津冀协同发展的政策，对此接受深访的 63 位生活在京津冀地区的新生代农民工中，有 40 位表示"听说过"。然而，他们对这一政策的了解程度与他们自身的利益有关，了解的人也多为政策的受益者。如京津冀三地之间的交通改善为出行带来了便利，通信费用的降低节省了生活成本，等等。然而，从深层次上了解京津冀协同发展的人十分少，他们关注的仍然是与其自身利益密切相关的政策。

---

① 孙英春：《大众文化：全球传播的范式》，中国传媒大学出版社，2005，第 102~108 页。

天津接受深访的 30 人中，17 位"听说过"相关政策，其中 7 位还能据此说出自己的理解和身边的事例，另外有 10 人表示"虽然听说过，但具体不是很了解"。在石家庄接受探访的 30 人中，有 21 位对于相关政策的具体落实效果表示"不了解"，有 8 位表达了较为悲观的态度倾向，例如"政策并没有切实解决拖欠工资的问题"。北京的受访者则对这些政策基本上"不关注"，他们一方面"不知道去哪里关注这些政策"，另一方面认为"平时用不到"，"等用到的时候再去查"。

关注自身利益的新生代农民工遇到权益受损的情况一般采用什么方法进行维权或申诉？除 64.7% 的被调查者自称从未经历过权益受损的情况之外，有超过三分之一的农民工表示遭遇过权益受损，受损内容包括因离职、加班、老板"跑路"造成的工资拖欠，工伤无人管以及法定节假日不放假等。

在如何行动方面，当遇到合法权益受损时，"能忍则忍，自认倒霉"（25.58%）是一种选择，"找打工单位或工会反映情况"（24.42%）和"向当地政府或法院寻求帮助"（16.57%）是更为积极的维权方式（见表 2.18）。他们的首选维权途径是"向当地政府或法院寻求帮助"、（25.81%）、"找打工单位或工会反映情况"（18.95%）、"找老乡、亲戚、朋友帮忙"（18.55%）和"通过新闻媒体发声、寻求帮助"（16.94%）（见表 2.19）。可见，在自身权益受损的情况下，有人隐忍、有人勇敢利用法律维权。在本次调查中，文化程度的不同并没有对维权途径的选择产生显著影响。

表 2.18　求助顺序排名前三位的维权途径

单位：%

维权途径	频数	占比
能忍则忍，自认倒霉	88	25.58
找打工单位或工会反映情况	84	24.42
向当地政府或法院寻求帮助	57	16.57
找老乡、亲戚、朋友帮忙	52	15.12

维权途径	频数	占比
通过新闻媒体发声、寻求帮助	27	7.85
利用社交媒体曝光，引起众人关注后寻求解决	24	6.98
其他	12	3.49
总计	344	100.00

表 2.19　首选维权途径

单位：%

维权途径	频数	占比
向当地政府或法院寻求帮助	64	25.81
找打工单位或工会反映情况	47	18.95
找老乡、亲戚、朋友帮忙	46	18.55
通过新闻媒体发声、寻求帮助	42	16.94
能忍则忍，自认倒霉	24	9.68
利用社交媒体曝光，引起众人关注后寻求解决	22	8.87
其他	3	1.21
总计	248	100.00

能否利用社交媒体提高农民工群体的社会地位、改善其现实处境？持积极态度的受访者认为，与农民工权益相关的新闻经过社交媒体的发酵，在一定程度上会对当事人产生帮助，也促使公众关注农民工的处境。"在微信等社交媒体上建立许多工友群，扩散一下，有声音在一定程度上也可以提升外来务工人员的社会地位"，"关注的人多了，转发的人多了，应该就会有帮助了"。也有受访者在认可社交媒体的帮助之余抱有些许顾虑："现在有一些人，就是通过在网上发一些帖子，问题才得到解决，但也是极个别的，不是所有情况都可以，这不是一个根本途径。"对社交媒体的作用持悲观态度的受访者认为，个人在社交媒体发声所产生的影响有限，媒体的报道有影响，但是一般人用不到，而且"转眼就

不见了"，还有受访者担心通过社交媒体维权"影响不好"。受访者"天津-餐厅服务员赵女士"的观点较具代表性："现在这些社交媒体上面每天都有那么多事情，这些事情没法辨认真假，有可能你这个事儿确实是真的，你在网上发了帖子，想为自己争取些利益，但是别人不相信啊。所以我觉得意义不是很大。"赵女士称她之前的同事试图通过社交媒体讨要工资，但没有效果，"后来还是去找了劳动局什么的才解决，所以说线上的方式效果没有那么快，我们也不太有意识去在网上发，遇到事儿了第一反应就是去找相关部门解决，这样快一点"。例如有北京地区的受访者曾"联名找劳动局，劳动局直接和老板联系，成功解决拖欠工资问题"。

四　结论

总体而言，第一，京津冀新生代农民工对群体归属有较为清晰的认知，但对群体的称谓游移不定。年龄较轻的农民工认为自己是城市一份子，更愿意被称为"新工人"。第二，京津冀三地的新生代农民工对石家庄最为认同，其次是天津，再次为北京。这与生活其间的经济成本和由此产生的感性认识有关。也可以说，房价的制度性引导建构了新生代农民工的地域认同。第三，尽管工作和生活在城市，但是较低的经济收入和有限的发展空间，都使新生代农民工对自己所处的社会地位有客观的认识。第四，由于工资收入偏低和基础生活保障较少，用工单位在这方面的作为还有提升的空间，新生代农民工的职业认同不高，唯一让他们有收获的是职场人际关系的和谐以及由此带来的人脉资源。第五，一方水土养一方人，入乡随俗，是移居城市的他们乐意接受的，当然，这仅仅体现在日常饮食、节假日度过方式的选择上。在"婚丧嫁娶"这样的人生大事上，故乡的习俗、家庭文化的传承是他们心头抹不去的"文化记忆"。第六，生活在京津冀地区的新生代农民工更多关注的是京津冀协同发展推行过程中与自身利益密切相关的事情。关于自身权益受损的处理方式，既有能忍则忍的，也有拿起法律武器维护自己权益的，还有寻求老乡亲人帮助和运用新闻媒体发声的，多元的选择和处理方式表明新生代农民工正逐渐成长，并走向成熟。

图 2.5　笔者在天津新市民工友　　　图 2.6　访员田梦迪和北京两名建筑工人交谈
　　中心附近与一名打工者交谈

　　在《城市的印象》中，凯文·林奇提出任何一个城市都有一种公众印象，它是许多个人印象的叠合。"城市用一些引人注目和组织完善的场所为人们意义和联想的汇聚和构成提供基地。这种场所感本身又促进了每一项在此发生的活动，有利于人们记忆的储存"①，正是在人与城市的互动和共同发展中，城市形塑出自身的独特气质。受访者"石家庄-快递小哥华先生"对城市与人的思考同林奇不谋而合。"你觉得城市怎么与农村区分？看它多繁荣吗？可如果这个城市很空，它的经济发达又有什么用呢？体现城市繁荣的是你我他，是这座城市的人，应该关心的是他给城市带来了什么，城市又给他带来了什么。"

　　城市的建设和运行中有了他们的参与，矗立的建筑和敞亮的马路留下了他们的印记。这些印记成了他们的集体记忆和人生经验，他们传给下一代的记忆和父辈给予他们的记忆已经不同了，这就是他们的生活。

_____

①　〔美〕凯文·林奇：《城市的印象》，项秉仁译，中国建筑工业出版社，1990，第 115 页。

第三章　新生代农民工的社交媒体使用与社会资本

> 社会资本是投资在社会关系中并希望在市场上得到回报的
> 一种资源，是一种镶嵌在社会结构中，并且可以通过有目的的
> 行动来获得流动的资源。
>
> ——林南

社会关系组成的社会网络能够影响个体获取相应社会信息、调动社会资源的能力，社会资本嵌入一定的社会关系网络，并对个体信息交流、资源流动以及自我认同产生一定影响，自我认同影响个体的社会认同。

这一观点来自近几年学界对新生代农民工与社交媒体的关系研究。在媒介化生态环境下，移动互联网嵌入现实生活的方方面面，对于移居城市的新生代农民工而言，手机更是须臾不离，社交媒体对新生代农民工产生的影响是普遍而深刻的。他们使用的微信群有与同地熟人结成的群和与异地熟人结成的群，两个群之间没有本质差异，实际上是原先农村社会秩序和农村人身份的网络迁移，导致同地熟悉群容易出现新生代农民工的抱团意识，异地熟悉群则可能更容易促进他们融入城市。[1] 究其背后的原因，很可能在于微信结成的社会关系网络对新生代农民工联结本地感情和融入城市产生重要影响。其中，嵌入社会关系网络的社会资本或可提供资源，或可提供信任。

---

[1]　郭旭魁：《新生代农民工在微信同乡群中自我身份建构》，《当代青年研究》2016年第2期。

一　社交媒体使用与社会资本研究的回顾

(一)"社会资本"概念的界定

"社会资本"(social capital)概念的正式提出，最早可追溯到海尼凡(L. J. Hanifan)，之后社会学家科尔曼(J. Coleman)于 1988 年发表关于社会资本的文章，这一概念开始受到广泛关注。罗伯特·帕特南(R. Putnam)的著作 *Making Democracy Work: Civic Traditions in Modern Italy* 于 1993 年出版后，吸引了众多研究者的目光。法国社会学家皮埃尔·布迪厄(Pierre Bourdieu)将社会资本定义为"利用主动性的社交行为来进一步获取社会资源的行为"，它"由社会义务或联系组成"，"它是实际的或潜在的资源的集合，这些资源是一些对一个相互熟识和认可的、具有制度化关系的持久网络的拥有"。帕特南依据社会资本的群体属性，将社会资本定义为"社会组织的特征，诸如信任、规范以及网络，它们能够通过促进合作行为来提高社会的效率"。[1] 林南借鉴布迪厄和帕特南等人的研究，提出"社会资本是投资在社会关系中并希望在市场上得到回报的一种资源，是一种镶嵌在社会结构中，并且可以通过有目的的行动来获得流动的资源"。林南认为社会资本包括三层含义：首先，社会资本根植于社会网络，和社会关系密不可分；其次，社会资本是一种投资活动，并通过社会关系中的活动为投资主体带来回报；最后，社会资本是一种可以增值的资源，这种资源包括个体的社会声望、信任和规范等。[2]

20 世纪 80 年代，国内有关社会资本的研究率先在社会学领域兴起，边燕杰、张文宏等学者对此领域进行了大量研究。学者们分别从个体层面和集体层面研究社会资本的概念。边燕杰从个体层面定义了社会资本，

---

[1] 〔美〕罗伯特·帕特南：《使民主运转起来：现代意大利的公民传统》，王列、赖海榕译，中国人民大学出版社，2015。

[2] 〔美〕林南：《社会资本：关于社会结构与行动的理论》，张磊译，上海人民出版社，2005，第 21 页。

他从三个方面做了解释：第一，社会资本即社会网络关系，个人的社会网络关系越密，则个人的社会资本存量越大；第二，社会资本即社会网络结构，高密度的社会网络有助于约束个人遵从团体规范，而低密度的社会网络可以减少这种约束，为占据结构洞位置的个人带来信息和控制的优势，有利于其在竞争的环境中求生和先赢；第三，社会资本是一种网络资源，是个人建立的社会网络，个人在社会网络中的位置，最终表现为借此位置所能动员和使用的社会网络中的嵌入性资源。[①]

罗家德从集体层面研究社会资本，梳理了布迪厄、科尔曼等人的研究后，他认为社会资本包含以下三个方面：第一，社会资本首先是社会结构中的"某些方面"，是有助于"特定行动"的社会连带；第二，它作为一种社会连带或连带结构被创造出来；第三，它产生了行动，而这些行动可以带来资源。[②] 因此，社会资本根植于社会网络，和社会关系密不可分。

（二）社交媒体与社会资本的相关研究

随着 Web2.0 技术兴起，社交媒体日益渗透人们的生活。一些传播学者开始关注社会资本与传播学领域之间的关联。如 Angela Bohn 等人通过分析 Facebook 上 1707 位用户及其社交关系网络发现，Facebook 用户的朋友数量与用户社会资本的获得间没有显著的相关性，但用户互动和沟通的好友数量对社会资本的获得有显著影响，互动的好友数量越多，用户往往获得的社会资本就越多。[③] 赵曙光的研究发现，社交媒体的使用频率与个体层面社会资本（个人生活满意度）、人际层面社会资本（社会信任）间没有显著的相关性，只与行为层面的社会资本具有显著的相关性。[④]周懿瑾、魏佳纯从点赞还是评论这一行为层面分析社交媒体对个

[①] 张文宏：《中国的社会资本研究：概念、操作化测量和经验研究》，《江苏社会科学》2007年第 3 期。

[②] 罗家德：《社会网分析讲义》，社会科学文献出版社，2012，第 257 页。

[③] Angela Bohn, Christian Buchta, Kurt Hornik, "Patrick Mair：Making Friends and Communicating on Facebook：Implications for the Access to Social Capital," *Social Networks* （2014）：37.

[④] 赵曙光：《社交媒体的使用效果：社会资本的视角》，《国际新闻界》2014 年第 7 期。

人社会资本的影响时发现，单独的点赞对社会资本的增加没有任何促进作用，点赞只有在同时配有评论的情况下，才能增加社会资本。[①]

以上研究表明，社交媒体使用中的互动程度和互动深度均可影响社会资本的增加和积累。

（三）社会资本的测量

已有研究显示，对社会资本的测量大致有两种途径：第一，个体层次；第二，群体层次。个体层次的测量方面，Scheufele 和 Shah 认为应该从以下三个方面进行测量：社区参与、人际信任和生活满意度。他们认为这三个方面之间是相互影响的，与个体的社会资本呈正相关关系。[②]关于群体层面的测量，帕特南在《独自打保龄——美国社区的衰落与复兴》的研究中，对美国的社会组织和社区进行了有关社会资本的实证研究，指出社会资本是组织的特征及群体属性，从社会网络、信任和规范三个维度进行测量，包括社会组织和社区中公众的政治投入程度、社会组织及社会公益活动的参与度、对政府的信任度。[③]

林南总结归纳了社会资本的具体测量方法，包括定名法和定位法。定名法是向被测量的个人提出一个或多个问题，主要询问他们与熟人的角色关系、交往内容、亲密程度等。研究者通过这些问题确定一份测量个体与熟人关系的清单，以此确定个人与熟人的关系、熟人与熟人的关系，反映熟人在资源（如教育、职业）与特征（如性别、种族、年龄）上的异质性和变化范围。定位法是对社会中常见的结构性地位（诸如职业、权威、工作单位、阶级或部门）进行抽样，然后请被测量者指出每一个地位中的熟人。另外，还要确定每一个地位上个

---

① 周懿瑾、魏佳纯：《"点赞"还是"评论"？社交媒体使用行为对个人社会资本的影响——基于微信朋友圈使用行为的探索性研究》，《新闻大学》2016 年第 1 期。
② 赵曙光：《社交媒体的使用效果：社会资本的视角》，《国际新闻界》2014 年第 7 期。
③〔美〕罗伯特·帕特南：《独自打保龄——美国社区的衰落与复兴》，刘波译，北京大学出版社，2011。

体自我与熟人的关系。[①] 在本研究中，笔者主要采用定名法，以探明新生代农民工建构的社会关系网络的特点以及嵌入社会关系网络的社会资本的多少。

二　打工服务中心的社会关系网络

费孝通在《乡土中国》中提出，"从基层上看，中国是乡土性的"，乡土性意味着乡土社会是一个熟人社会，这才有了"从心所欲不逾矩"的自由。乡土性也是"差序格局"的根源。差序格局是费孝通提出的一个极其重要的观点，指由亲属关系和地缘关系决定的有差的次序关系。中国人"私"的个性，造就了中国独特的"差序格局"。[②] 从社会关系网络角度审视，"差序格局"即以关系网络为出发点，认为社会关系网络是一种根本的社会资源，血缘、亲缘、地缘关系与社会关系网络的构建密切相关。多数新生代农民工生于乡村、长于乡村，虽然一直上学、没有太多务农经验，但他们对乡土社会环境十分了解，安静、恬淡的乡村生活与随后进入并驻留的城市生活截然不同。乡村是依靠血缘、地缘联系在一起的村落共同体，"生于斯、长于斯"的乡村少年或青年对乡土环境格外熟悉，对自己的身份、地位和外部环境有很清晰的定义和边界认识。进城后，乡土社会培育的农村少年或青年在城市文明中体验到了"反差"。一方面，乡村到城市的迁移使其在一定程度上疏离了原有的社会关系网络，空间距离带来的阻隔使其无法保持与原有乡村的密切联系。另一方面，城市的工作方式、交往方式以及生活方式与乡村相比存在明显不同，这也会使乡村青年感受到一定不适。正如前文所述，社会关系圈迁移到网络上，促进新生代农民工融入城市社会，这不仅依赖于对熟人社会关系的维系，也有赖于城市人际圈的拓宽与新的社会关系网络的构建。本章对京津冀新生代农民工是如何在陌生的城市中构建新的社会

---

① 〔美〕托马斯·福特·布朗、木子西编译《社会资本理论综述》，《马克思主义与现实》2000 年第 2 期。

② 费孝通：《乡土中国》，北京出版社，2005，第 29~35 页。

关系网络做出分析。

北京皮村是作者关注了多年的农民工聚居地，皮村打工文化中心（见图 3.1）坐落在北京朝阳区金盏乡皮村内，它因自建打工文化艺术博物馆（见图 3.2）、同心小学，开展大地民谣等文化活动，近年来又推出微信公众号"皮村工友"等引发农民工群体、政府、学界和一些公益团体的关注。

图 3.1　北京皮村打工文化中心所在地外景　图 3.2　皮村打工文化艺术博物馆大门

天津市津南区新市民工友文化服务中心（见图 3.3 和图 3.4）是调研的第二个点，位于天津市津南区咸水沽镇星宇花园，成立于 2010 年，是一家服务青年农民工的公益机构。"本着从底层来，到底层去，为底层服务的理念，扎根于天津市西青区大寺镇微电子工业园区，为青年工友免费提供图书借阅、乐器学习、法律咨询、文娱活动、技能培训等，并建立一个爱及温馨的家园。"①

---

① 来自天津市津南区新市民工友文化服务中心室内的介绍，2017 年 6 月 28 日实地调研。

图 3.3　天津市津南区新市民工友文化　　　图 3.4　天津市津南区新市民工友
　　　服务中心室内宣传招贴　　　　　　　文化服务中心室外

　　选择北京朝阳区金盏乡皮村打工文化中心和天津新市民工友文化服务中心作为问卷发放点，主要考虑两个中心在某种程度上聚合了一批相对熟悉的新生代农民工，联结形成城市的社会关系网络，且这种社会关系网络具有一定的边界。在两地调研中采用定名法，请被调查者填写"五位朋友的姓名和职业"，以此探明两地新生代农民工建构的社会网络。受访者共计 43 人，其中北京皮村 24 人，天津新市民工友文化服务中心 19 人，分别构成了两个相对独立的社会网络。

　　借鉴林南对社会资本的界定，即社会资本为构建的社会关系网络及嵌入其中的资源。社会关系通常通过社会网络分析方法进行衡量。"社会网络"指社会行动者（social actor）及社会行动者间结成的社会关系的集合，一个社会网络由多个点（社会行动者）和各点之间的连线（行动者之间的关系）组成。下面运用社会网络分析软件 UCINET 对此进行分析。

（一）社会关系网络

根据问卷中的关系数据，利用 UCINET 绘制北京皮村打工文化中心部分被访者的社会关系网络，该网络呈现多点、联结不紧密的松散状态，如图 3.5 所示。说明北京皮村新生代农民工建构的社会关系网络中的强联结关系少，社会关系较为疏离。

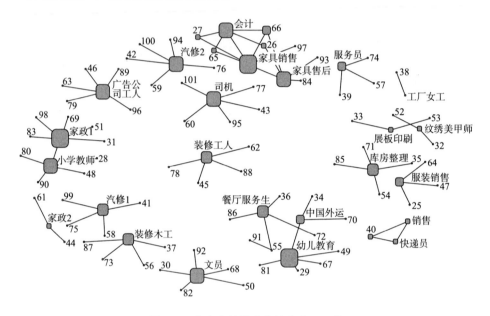

图 3.5 北京皮村被访者社会关系网络

同样运用问卷调查的数据绘制天津新市民工友文化服务中心部分被访者的社会关系网络（见图 3.6）。该中心定位服务于西青区大寺镇微电子工业园区，向园区内的新生代农民工提供图书借阅、乐器学习、文娱活动、技能培训等，以此吸引园区内的新生代农民工聚集在一起，建构起社会关系网络。图 3.6 中工厂工人、公益组织成员及新市民工友文化服务中心服务人员节点面积较大，与其他成员关系密切且互动频繁。这说明中心在服务青年工友、开展技能培训、组织乐器学习、法律维权等方面向农民工提供了一定的帮助。

从社会网络的角度分析，整体网络标准化的点出度代表了网络的集

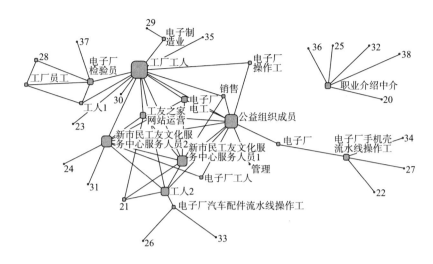

图 3.6　天津新市民工友文化服务中心被访者社会关系网络

中趋势，星形网络的度数中心势为100%。通过北京和天津两个工友文化服务中心部分被访者提供的数据建构的社会网络中心势的测量可以看出，其整体网络标准化的点出度仅分别为 3.320% 和 7.451%，这进一步印证了他们在城市里的社会关系网络比较松散，联结不紧密。天津新市民工友文化服务中心的社会关系网络相对紧密。通过对整体网络密度和成员之间的距离进行测算，得到如下结果（见表 3.1）。

表 3.1　北京皮村打工文化服务中心和天津新市民工友文化服务中心社会关系网络属性

城市	网络密度	捷径	平均距离	凝聚力指数
北京	0.0171	173	1.769	0.032
天津	0.0626	88	2.471	0.169

　　网络密度可以反映该社会关系网络的疏密程度。结果显示，北京皮村打工文化服务中心、天津新市民工友文化服务中心社会关系网络的密度分别为 0.0171 和 0.0626，表明该网络实际存在的关系数远小于理论上最多可以存在的关系数，因此该网络较为松散。

　　在整体网络中，两点之间的距离是二者之间在图论或矩阵意义上的最短途径（即捷径）的长度，捷径越长，则交往的距离越长。进一步来讲，建立在距离基础上的凝聚力指数就越大，表明该社会关系网络越具有凝聚力。表3.1显示，北京皮村打工文化服务中心和天津新市民工友文化服务中心的平均距离和凝聚力指数都较小，这说明两个中心的部分被访者建构的社会关系网络的凝聚力都比较小。相对而言，天津新市民工友文化服务中心的被访者建构的社会关系网络较为紧密，个体间的社会交往相对频繁。

我们想考察两地新生代农民工建构的社会关系网络是否与农民工的职业有关，为此将职业作为属性标签嵌入网络结构。在北京皮村打工文化服务中心的部分被访者建构的社会关系网络中，以"会计""家具销售""家具售后"为核心形成了一个相关联的网络结构，这与皮村最早为北京市各大展馆提供展板制造服务的定位十分吻合（见图3.5）；在天津新市民工友文化服务中心的部分被访者建构的社会关系网络中，"工厂工人""电子厂检验员""电子厂电工""电子厂操作工"等节点形成了一个相关联的网络结构（见图3.6）。天津新市民工友文化服务中心的青年工友多来自附近的电子工业园区，工作性质类似是建立社会关系的有利因素。

另外，在天津新市民工友文化服务中心的社会网络结构图中，"公益组织成员""新市民工友文化服务中心服务人员1""新市民工友文化服务中心服务人员2"等节点面积较大，彼此联系紧密，串联起很多零散的节点。天津新市民工友文化服务中心是政府指导运营的非营利性机构，定期对居住在附近的工友进行文化课程辅导、开展文艺活动等，服务人员成为连接社会网络的关键节点。

天津新市民工友文化服务中心社会关系网络中的"桥梁"——社会组织或个人，即天津新市民工友文化服务中心的工作人员是联结个体节点的关键。在社会关系网络中，个人作为网络中的个体，要想有广泛的交流必须有一个活跃、有影响力的"桥梁"发挥作用，信息只有通过"桥梁"的联结和汇集，才能更快、更好地在网络中传递，而天津新市民工友文化服务中心或北京皮村打工文化服务中心正是这样一家机构。社会组织便于与社会各个领域、阶层开展广泛交流的特性，也使其可以联结更大范围、更密集的社会关系网络。

（二）社会支持

社会支持，指一个人可以从朋友或熟人网络中得到的一般性的社会资源，这些资源能够帮助一个人有效应对日常生活中出现的问题或危机。社会支持不仅指物质上的条件和资源，也包括情感上的支持。社会支持通常包括三个部分：主观社会支持、客观社会支持及对社会支持的利用度。主观社会支持指主观的、体验到的情感上的支持，即个体在社会中受尊重、被支持、被理解的情感体验和满意程度。客观社会支持指客观的、可见的或实际的支持，即物质上的直接援助，社会网络、团体关系的存在和参与，如家庭、婚姻、朋友、同事等。对社会支持的利用度指个体对社会支持的利用情况，其存在差异，有些人虽然能够获得他人的支持，却由于一些原因拒绝了别人的帮助，而能够合理利用的帮助占其得到的总帮助的比例即为个体对社会支持的利用度。

对初入城市的农民工而言，来自亲友的社会支持十分重要。来自北京、天津、石家庄的 70 位受访者提及他们来到城市打工的原因时，有47 名受访者表示系受到亲人或朋友的影响，其中部分受访者初至打工城市的第一份工作就是亲友介绍的。受访者"北京—餐饮店店员杨某"的经历在新生代农民工中比较典型，由于家庭条件限制，他在 2015 年高中毕业后就不再继续上学，他选择来北京是受到做餐饮店店长的小姨的影响，"她给我打电话说这边需要人，让我来帮忙，我就过来了"。除了亲人，朋友、老乡也能够为初来城市的农民工提供社会支持，"我们村有人在这，他们介绍我就来了""最开始找工作都挺顺利的，一个老乡说正在招面包师，我就过去了""最开始的工作是朋友介绍的，现在这个行业（餐饮业）基本都是介绍的，自己找的很少"。

1981 年出生的受访者"石家庄—餐厅老板"在来石家庄之前辗转衡

水、济南、北京等多个城市，他的几段经历体现了求职过程中来自亲友的社会支持：18 岁那年他第一次出门，跟着一帮人去衡水打工，后来到济南亲戚开的小厂子里干活，一个邻居看他"有力气，能干活"，把他介绍到北京的肉联厂做搬运工。来石家庄开餐馆的亲戚愿意拿出几十万元给他投资，而他本意是将店开在北京，"我在北京混了那么多年，我的同行、朋友们很多都在北京，最起码在北京做这一行我能联系到人，心里有底，来石家庄以后感觉太差劲了"。在他的叙述中，无论是找工作还是经营生意，亲朋都是重要的社会支持来源。

笔者采用了量化研究方法对新生代农民工的社会支持与社会关系网络进行测量，将问卷中涉及社会支持的题项进行加权求和，计算出被调查者社会支持的得分，将高于均值的被访者定位为较高社会支持者，即群体 2，将低于均值的被调查者定义为较低社会支持者，即群体 1。为测量被调查者建构的社会关系网络是否能够提供社会支持，将其属性变量中的社会支持与关系变量中的社会网络进行 QAP 相关检验，结果如表3.2 所示。

表 3.2　社会支持与社会网络 QAP 相关检验

		期望值	观测值	差别	P ≥ Diff	P ≤ Diff
北京	1 1-1	1.649	3.000	1.351	0.188	0.969
	2 1-2	2.536	2.000	-0.536	0.826	0.485
	3 2-2	0.815	0.000	-0.815	1.000	0.393
天津	1 1-1	3.070	0.000	-3.070	1.000	0.098
	2 1-2	15.965	11.000	-4.965	0.944	0.092
	3 2-2	15.965	24.000	8.035	0.060	0.964

计算的结果给出了实际的关系数量和期望的数量。群体 1 的内部关系数量，即较低社会支持者与较低社会支持者之间关系数的观测值为 3（北京）和 0（天津）；群体 1 和群体 2 之间的关系数量，即较低社会支持者和较高社会支持者之间的关系数的观测值为 2（北京）和 11（天津）；群体 2的内部关系数量，即较高社会支持者和较高社会支持者之间关系数的观测

值为 0（北京）和 24（天津）。根据 P≥Diff 和 P≤Diff 的概率来看，检验观测值的显著性并不高。即新生代农民工建构的社会关系网络所能提供的社会支持水平并不高，他们需要来自政府、社会组织等机构的帮助。

三　社交媒体使用与社会资本建构

以下运用定位测量法（位置生成法），以京津冀新生代农民工建构的社会关系网络测量其社会资本。

（一）社会"支持网"的现状

移居城市的农民工在国家福利政策保障、生活基本设施方面不断改善，但这并没有从根本上改变他们"边缘人"的尴尬处境。他们在城市结识的同事、同乡或其他人，都被纳入他们的社会关系网络。当一个人在生活面临巨大困难、需要得到他人帮助时，他/她会首先想到谁？新生代农民工离开了熟人社会，他们求助时首先想到的人，一定是除亲人以外最熟悉或关系最密切的人。个体"支持网"（support network）关注的是如何为个体提供物质或精神层面的支持，帮助其应对生活中的困难与危机。问卷中提出的问题是："当您在城市生活/工作遇到困难时，您首先想到找谁？"以最先想到的人的职业类别建立社会关系网络。通过调查发现，第一，以一周内微信互动好友数量为参考依据，将互动好友数20人作为划分标准：20人及以上的为微信重度使用者（占比为45.8%）；20人以下的为微信轻度使用者（占比为54.2%）。第二，以一周内QQ互动好友数量为参考依据，将互动好友数5人作为划分标准，5人及以上的为QQ重度使用者（占比为45.8%）；5人以下的为轻度使用者（54.2%）。然后分别建立微信重度使用者、微信轻度使用者、QQ重度使用者、QQ轻度使用者的社会关系网络，如图3.7~3.10所示。

从图3.7和3.8中能够看出，微信重度使用者和微信轻度使用者建构的社会"支持网"有很大不同。微信重度使用者遇到困难时最先想到的是产业工人，其次是自由职业者，最后是私营业主、企事业单位负责人、销售员和农民。微信轻度使用者建构社会的"支持网"的优先顺序是私营业主、产业工人、自由职业者、企事业单位负责人和农民。无论是微信重度使用者还是微信轻度使用者，新生代农民工建构的社会"支持网"都是其现实工作中频繁交往的同事、单位领导和老乡等，政府机关工作人员、与法律相关的人员等是他们较少求助的对象。他们的社会"支持网"仍以业缘、乡土地缘为主要脉络。

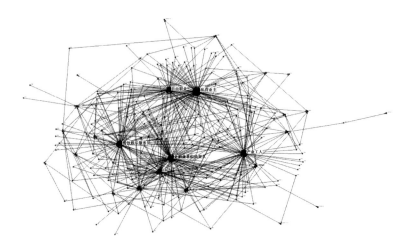

图 3.7　微信重度使用者建构社会的"支持网"

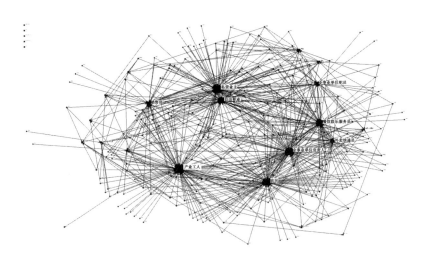

图 3.8　微信轻度使用者建构社会的"支持网"

　　访谈调查显示类似的结果，当这些新生代农民工遇到困难或权益受损时，相比于向法律机构或政府部门寻求帮助，他们更倾向于选择自行解决或向亲友求助。"我之前在另一家酒店上班的时候，酒店是不给上保险的，在那种情况下我是比较倾向于忍气吞声的，多一事不如少一事，实在不喜欢大不了就辞职呗，为什么非要去举报别人呢""我没有寻求过帮助，就是忍辱负重，能忍就忍""我不会去闹，毕竟我是个体，不是群体。要是自己去，不挨揍算是好的了"。上述表达反映了新生代农民工群体对权益维护的消极态度，他们认为自己向企业抗议无异于徒劳，求助法律机构或政府部门的成本较高，"程序上挺麻烦，耗不起"，通过社交媒体发声效果有限，"感觉没到那个程度，说了也没什么用""只是热闹一会，马上就没动静了"。同处一城的亲人、朋友、同事是他们对外寻求帮助的首选对象。受访者"北京—酒店领班彭女士"表示，她遇到困难"尽量都是自己解决，或者找朋友、同事帮忙，对家里一般都是报喜不报忧的"。而同城同事、老乡也是他们日常沟通较多的对象。

　　在新生代农民工求职过程中，同乡或工友构成的微信群、QQ群发挥了信息共享的功能。受访者"石家庄—前餐厅老板赵先生"称他加入外来务工群和老乡群，平时群里会有求助信息。"比如我们店里缺人，我会在群里寻问谁能帮忙介绍两人。或者说我们家里要买个地毯、家具什么的，就在群里问问有没有谁能给介绍一下。"除了增加职位机遇外，线上社群还可以帮助求职者做出趋利避害的选择。受访者"石家庄—装修工人刘先生"称，自己所在的装修工群有两百多人，平时大家会在群内分享招聘或求职信息，也有人在群里分享自己被"坑"的经历，"就好比说，某某拖欠工资了，以后如果见到这人，就别跟他干了，这人名声不好，信誉不好。类似这种信息，就是给大家作个警示呗"。

（二）嵌入社会网络，构建社会资本

　　围绕社会关系网络中不同职业的中心度数据展开进一步分析，在微信重度使用者和微信轻度使用者所处的社会关系网络中，度数中心度较高的五类职业分别为产业工人、自由职业者、私营业主、企事业单位负责人与农民。说明这五类群体是新生代农民工的核心交往节点（人群）。另外，在微信重度使用者的社会关系网络中，民警、教师、媒体人、医护人员等有较高声望的人，其职业度数中心度均高于微信轻度使用者。另外，在微信重度使用者的社会关系网络中出现了法律工作者，而像家庭保姆、钟点工则出现在微信轻度使用者的社会关系网络中。因此，可以大致判断微信重度使用者的社会网络嵌入更多的社会资本。

通过对比发现，在微信重度使用者和微信轻度使用者所处的社会关系网络中，不同职业的接近中心度和中间中心度的排名与度数中心度相似，民警、教师、媒体人、医护人员等拥有较高声望的职业与网络中的节点连接更紧密，为社会关系网络嵌入更多社会资本（见表3.3和表3.4）。

表3.3　微信重度使用者的社会关系网络数据

职业	度数中心度	接近中心度	中间中心度	职业	度数中心度	接近中心度	中间中心度
产业工人	88	48.077	9.667	教师	44	39.063	0.351
自由职业者	84	47.17	7.894	司机	44	39.683	0.275
私营业主	84	47.17	7.719	政府机关工作人员	40	38.462	0.03
企事业单位负责人	80	46.296	4.052	经济业务员	40	38.462	0.217
农民	76	45.455	3.11	保安	36	37.879	0.195
餐饮娱乐服务员	72	44.643	2.953	医护人员	32	37.313	0.243
企事业单位职员	68	43.103	3.983	社会机构工作人员	32	37.313	0.243
销售员	68	43.86	2.592	会计	28	36.765	0.178
民警	52	40.984	1.275	媒体人	24	36.765	0
厨师、炊事员	52	40.323	0.305	行政办事人员	8	33.784	0
技术人员	48	40.323	8.081	军人	8	33.784	0
学生	48	39.683	0.446	法律工作者	4	29.412	0
外卖快递员	48	40.323	0.354	家庭保姆、钟点工	0		0

表 3.4　微信轻度使用者的社会关系网络数据

职业	度数中心度	接近中心度	中间中心度	职业	度数中心度	接近中心度	中间中心度
私营业主	80	19.841	9.88	保安	36	18.248	0.409
产业工人	76	19.685	5.77	学生	32	18.116	0.042
自由职业者	76	19.685	7.417	教师	28	17.986	0.311
企事业单位负责人	64	19.231	3.108	经济业务员	28	17.986	0.033
农民	60	19.084	1.854	民警	28	17.986	0.651
企事业单位职员	56	18.939	1.611	厨师、炊事员	28	17.986	0
餐饮娱乐服务员	56	18.939	1.479	军人	16	17.606	0
销售员	56	18.939	1.387	会计	12	17.483	0
技术人员	52	18.797	1.947	家庭保姆、钟点工	12	17.483	0.048
外卖快递员	48	18.657	0.966	法律工作者	0	—	0
政府机关工作人员	36	18.248	0.033	医护人员	0	—	0
司机	36	18.248	0.164	行政办事人员	0	—	0
社会机构工作人员	36	18.248	0.224	媒体人	0	—	0

（三）QQ 使用者建构的社会"支持网"

除了微信外，QQ 也是新生代农民工平日使用较多的社交媒体，这一点在本调查中也得到证实。如前文所述，由于 QQ 使用量总体较微信少，因此，以 5 位 QQ 互动好友为标准，5 人及以上的为 QQ 重度使用者，小于 5 人的则为 QQ 轻度使用者。运用 UCINET 绘制 QQ 使用者建构的社会"支持网"，结果如图 3.9 和图 3.10 所示。

从表 3.5 和表 3.6 可以看出，对 QQ 重度使用者而言，在其建构的社会"支持网"中，度数中心度较高的职业有企事业单位负责人、自由

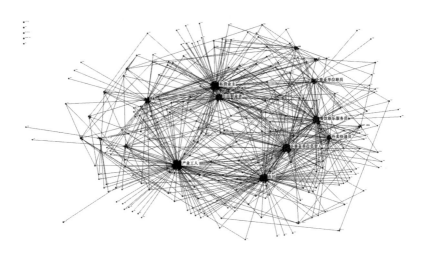

图 3.9　QQ 重度使用者建构的社会 "支持网"

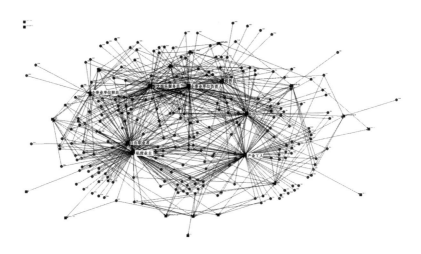

图 3.10　QQ 轻度使用者建构的社会 "支持网"

职业者、私营业主、产业工人以及农民等。QQ 轻度使用者建构的社会 "支持网" 里，度数中心度较高的职业分别是产业工人、私营业主、自由职业者、技术人员、企事业单位负责人、企事业单位职员和农民等。

　　与微信使用者建构的社会 "支持网" 类似，通过 QQ 建构的社会关系网络仍以身边交往的同事、老乡等为主。政府有关部门应当给予他们更多的政策和法律支持，使他们与所在城市发生更深刻的交往，这有利于他们对城市社会的认同与融入。

表 3.5　QQ 重度使用者的社会关系网络数据

职业	度数中心度	接近中心度	中间中心度	职业	度数中心度	接近中心度	中间中心度
企事业单位负责人	80	24.510	4.801	外卖快递员	44	22.523	0.144
自由职业者	80	24.510	7.354	社会机构工作人员	44	22.523	0.307
私营业主	80	24.510	7.192	技术人员	40	22.321	0.293
产业工人	76	24.272	3.217	政府机关工作人员	36	22.124	0.042
农民	76	24.272	3.413	民警	32	21.930	0.214
餐饮娱乐服务员	72	24.038	2.604	司机	32	21.739	0.145
企事业单位职员	68	23.810	1.956	医护人员	28	21.739	0.251
销售员	68	23.810	3.011	会计	28	21.739	0.393
经济业务员	48	22.727	0.547	媒体人	16	21.186	0
保安	48	22.727	0.353	军人	8	20.661	0
教师	44	22.523	0.224	法律工作者	0		0
厨师、炊事员	44	22.523	0.441	行政办事人员	0		0
学生	44	22.523	0.432	家庭保姆、钟点工	0		0

表 3.6　QQ 轻度使用者的社会关系网络数据

职业	度数中心度	接近中心度	中间中心度	职业	度数中心度	接近中心度	中间中心度
产业工人	84	86.207	24.635	企事业单位职员	64	73.529	4.876
私营业主	76	80.645	10.319	农民	64	73.529	4.915
自由职业者	68	75.758	6.347	餐饮娱乐服务员	56	69.444	1.099
技术人员	64	73.529	12.889	销售员	56	69.444	1.099
企事业单位负责人	64	73.529	3.567	民警	48	65.789	2.524

职业	度数中心度	接近中心度	中间中心度	职业	度数中心度	接近中心度	中间中心度
外卖快递员	48	65.789	0.403	会计	12	48.077	0
厨师、炊事员	44	59.524	0.273	家庭保姆、钟点工	12	47.170	0
政府机关工作人员	36	59.524	0.077	医护人员	8	49.020	0
学生	36	59.524	0.144	行政办事人员	8	49.020	0
经济业务员	28	56.818	0	媒体人	8	49.020	0
教师	24	56.818	0.167	法律工作者	4	43.103	0
保安	20	54.348	0	社会机构工作人员	4	47.170	0
军人	16	54.348	0				

从 QQ 重度使用者和 QQ 轻度使用者建构的社会关系网络的中心度可以看出，在 QQ 重度使用者建构的社会关系网络中，企事业单位负责人的度数中心度和接近中心度都是最高的；在 QQ 轻度使用者建构的社会关系网络中，企事业单位负责人的度数中心度和接近中心度排第 4 位。从职业声望的角度来看，企事业单位负责人以较高的职业声望为新生代农民工带来较多的社会资本。另外，在 QQ 重度使用者的社会关系网络中，社会机构工作人员、医护人员、媒体人等有较高声望的人，其职业度数中心度均高于 QQ 轻度使用者（见表 3.5 和表 3.6）。而且，社会机构工作人员、医护人员、媒体人等与网络中的节点连接更为紧密，为 QQ 重度使用者的社会关系网络嵌入更多社会资本。因此，可大致判断，QQ 重度使用者社会关系网络中嵌入更多社会资本。

综上，通过对社会关系网络进行分析发现，京津冀三地新生代农民工对社交媒体的使用程度不同，其所建构的社会关系网络在结构上呈现较大差异，嵌入其中的社会资本有多寡之分。使用程度较重的人，其所建构的社会关系网络中嵌入了更多的社会资本，对轻度使用者而言，其所构建的社会关系网络中嵌入的社会资本相对较少。因此，社交媒体的使用在一定程度上影响了新生代农民工所能建构的社会资本，进而影响他们在城市的工作与生活，帮助其更快地融入城市生活，并获得社会认同。媒介化技术通过社交媒体和人际沟通的路径帮助新生代农民工获得社会认同。

第四章　社交媒体使用与社会认同的路径分析

> 由于现代社会从本质上是不断变化的、矛盾的和不确定的，因而认同危机（identity crisis）已经是现代人的典型的传记性的危机。
>
> ——埃里克森

新生代农民工与其父辈群体所处的媒介技术背景极为不同。父代和子代分属两个迥然不同的媒介环境，其父辈一代，更多通过打电话、发短信，甚至写信邮寄的方式与家乡的亲人们建立联系，与其他外出打工的人也多为面对面地交流和沟通。最早在1998年新生代农民工开始进入城市，这也是中国互联网起步和发展的阶段。近10年，随着媒介化时代的到来，智能手机、移动互联网等技术将人们整合在媒介化背景下的社会关系中，互联网、物联网将人们联结起来，形成媒介化大网下的一个个节点。媒介技术日益渗透社会生活的方方面面，媒介化不仅表现在公共舆论场域，也涉及其他社会和文化机构，并以其特有的方式呈现信息、建构社会关系。本章在第二章关于新生代农民工社会认同论述的基础上，引入社交媒体、人际交往的外生变量，借鉴社会学关于社会认同的模型，尝试建构增加了社交媒体变量的社会认同模型。

一　社交媒体嵌入新生代农民工的日常

施蒂格·夏瓦（Stig Hjarvard）对媒介化议题的论述较为详尽。他认为，对媒介化制度进行研究，是把握媒介和不同社会领域的结构关系变化的基础，媒介化涉及媒介和其他社会领域制度特征的共同发展和互惠变迁。[①] 周翔等人认为，在媒体无所不在的当下，媒介不仅是自立的社会机构，而且深入其他社会机构的运作中。媒介在制度化和技术化的过程中通过传播行动产生了塑造力，进而成为媒介化过程的一部分。这一过程既反映了媒介和传播的变化，也反映了文化与社会的变迁。[②] 因为媒介技术的不断更新及其在各个领域的渗透，社会、文化、媒介和政治不再是一个个独立的子系统，而是相互依赖、相互作用的整体。在这样一种关系背景下，媒介化是一个开放且未完成的、发展式的进程。"在这一新的传播生态下，网络化逻辑发生了目标转移""网络化逻辑的目标已不再止于获得受众，而是帮助用户实现空间意义上关系的并置和联结，以及用户被网罗其中的主动需求。网络化逻辑在很大意义上是基于日常生活的、以空间面向为主导的多元实践逻辑"。[③] 以此为依据，笔者认为在媒介化背景下，新生代农民工在适应城市生活的过程中，借助社交媒体和人际交往获取其在城市生活和工作需要的信息，帮助他们与家乡亲友建立联系并在城市工作生活圈建构社会关系网络，这些活动与线下的交往活动相互交织，对其社会认同产生一定影响。

在接受访问的新生代农民工中，有 27 人称微信、QQ 等社交软件让沟通更顺畅，这样的沟通方式成本更低廉，也更方便，"让生活和工作都变得很便利""不用浪费电话费，花几个 KB 的流量，什么事儿都解决了""微信直接就能付款，很方便"。有 6 名受访者认为使用社交媒体便于其了解信息、提升自我，"在社交媒体上面学东西挺好的，对我影响挺大的，能学很多很多"。有部分受访者认为社交媒体的即时通信功能维系了自己与远在家乡的亲人之间的情感，"就像他们生活在身边一样，就不会有那种距离产生的疏离感了"。也有受访者认为有了社交媒体以

---

① 〔丹麦〕施蒂格·夏瓦、刘君、范伊馨：《媒介化，社会变迁中媒介的角色》，《山西大学学报》（哲学社会科学版）2015 年第 5 期。

② 周翔、李镓：《网络社会中的媒介化问题：理论、实践与展望》，《国际新闻界》2017 年第 4 期。

③ 周翔、李镓：《网络社会中的媒介化问题：理论、实践与展望》，《国际新闻界》2017 年第 4 期。

后人与人之间的情感反而变得淡漠了，"朋友之间交流变少了，关系也没那么亲近了，通过微信就能视频、聊天，也不会像以前一样'去你家、去他家'这样了，就不会经常见面了""在餐厅里面也经常看见大家在一起吃饭，每个人都拿个手机在那聊天，一桌子人也不说话，虽然是一家人出来吃饭，也是自己玩儿自己的手机，肯定距离是远了"。不管是疏远了，还是交流更加方便了，不可否认的是，社交媒体，像QQ、微信等，确实改变了新生代农民工们的生活方式和思维观念，这应该是不争的事实。

二　社会认同理论框架和研究假设

从农村到城市，伴随物理空间的迁徙，新生代农民工在职业选择、生活方式和社会心理等方面都发生了深刻的变化。这种改变有时候并不意味着形成新的社会认同，而是社会认同转换中的重新选择。如他们对自我社会身份的追问，在于获得对身份"满意的、完整一致的意义解释，以便接受和平衡转变带来的心理风险，使自我和变化着的环境的有效联系得以重建，以免主体存在感的失落"。①

社会认同需要自我统一性，行动者会通过终身不懈的努力，来缔造其动态而同一的完整生命。在理想状态下，新生代农民工社会认同各个维度之间不是完全孤立的，而是在各个维度之间达到完全一致的认同状态。在此，笔者借鉴社会学学者②的社会认同分析框架，引入社交媒体使用与人际交往作为外生变量，从群体认同、文化认同、地域认同、地位认同、职业认同五个维度展开对新生代农民工社会认同的研究（见图4.1），群体认同、文化认同、地域认同等概念与第二章相关内容相同。

托马斯、兹纳涅茨基研究了波兰农民移居美国后转变为讲究经济理性的工人和市民的过程，认为移民的结果是个人同家庭和社区相分离，

---

① 钱超英：《身份概念与身份意识》，《深圳大学学报》（人文社会科学版）2000年第2期。
② 张文宏、雷开春：《城市新移民社会认同的结构模型》，《社会学研究》2009年第4期。

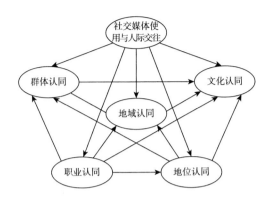

图 4.1 社会认同分析框架

它激发了个性的发展，削弱了初级群体的控制。[①] 与一百多年前的波兰农民有所不同，新生代农民工依靠即时通信技术和家乡亲人（初级群体）进行沟通交流，一定程度上弱化了地理隔离造成的心理不适和初级群体的控制，嵌入式的媒介技术创造"在场感"，并以此强化新生代农民工与故乡的联系。媒介化技术在城市人际关系的建立中发挥了重要作用。因此，综合考虑引入社交媒体使用和人际交往变量后的研究框架如图 4.1 所示。社交媒体使用和人际交往建构了京津冀新生代农民工的社会认同。该模型假设在移动互联网时代，新生代农民工的社会认同是其在社会结构中与他人、社会环境互动，在心理上产生认同的过程，它离不开媒介（如 QQ、微信等）的使用与建构。基于此，提出如下研究假设。

H1：新生代农民工的社交媒体使用和人际交往对其群体认同产生正向影响；

H2：新生代农民工的社交媒体使用和人际交往对其文化认同产生正向影响；

H3：新生代农民工的社交媒体使用和人际交往对其地域认同产生正向影响；

---

① 〔美〕托马斯、〔波兰〕兹纳涅茨基：《身处欧美的波兰农民》转引自张海波、童星《被动城市化群体城市适应性与现代性获得中的自我认同——基于南京市 561 位失地农民的实证研究》，《社会学研究》2006 年第 2 期。

H4：新生代农民工的社交媒体使用和人际交往对其职业认同产生正向影响；

H5：新生代农民工的社交媒体使用和人际交往对其地位认同产生正向影响。

为分析新生代农民工社会认同的路径，将各个维度的测量变量逐一进行介绍。

（一）社交媒体使用和人际交往

社交媒体使用和人际交往为外生变量。根据媒介化理论，新生代农民工使用社交媒体与工作地的居民进行交流与沟通，社会媒体通过新生代农民工的文化认同、地域认同、群体认同、职业认同和地位认同影响其社会认同。在城市务工的过程中，他们与家乡亲人的联系、亲情的沟通，城市人脉网络的构建，均可通过社交媒体实现。社交媒体与现实交往同构他们的社会关系网络，这是探讨其社会认同的逻辑起点。在本研究中，此二者为潜变量。

一是人际交往，包含 6 个指标，测量受访者与当地居民间的社会交往距离；

二是社交媒体使用，通过微信、微博、QQ 的使用频度测量社交媒体的使用频率。

（二）地域认同

地域认同指地域身份认同，为"我将归属哪里"的问题提供答案，指个体对与固定地区之间关系的认同。地域认同在一定程度上表达了"力量布局"（power genmetries），即社会行动者都处于不同位置，那些具有制度性地域身份的本地居民，就是力量布局中的优势群体。近年来，有学者开始关注区域性制度分割问题，认为地方财政分权制下城市社会保障是偏向本地市民的，外来人口——无论是农民工还是"外来市民"，在保障获取上都处于不利地位。在本研究中，地域认同是潜变量，使用

3 个指标进行测量：在工作城市的购房计划，对城市繁华与自己是否相关的认知，其对自己是本地人/新本地人/外地人身份的自我评估。

（三）文化认同

文化认同指移入某地的人对当地文化的认同，在本研究中指新生代农民工对移入城市的文化认同。已有研究表明，外来移民行为上的变化与文化适应相关，但是文化适应的认知指标难以界定。原因在于，当人们考察群体交往引起的变化时，认知和行为改变并不总是同步发生的。因此，文化认同很难直接测量，在已有的研究中也未见其具体测量指标。但不可否认的是，对本地文化的认同会影响新生代农民工的社会认知，从而指导其行为。根据社会学已有研究，本文用两个变量来反映文化认同。其一，"您认为在城市工作，说家乡的方言是否会受到歧视"，回答"会"表示更加认同当地文化，赋值为 2，回答"不会"表示倾向认同家乡文化，赋值为 1。其二，"我要努力工作，获得城市户口"，户口是农民工取得城市居民身份的制度保障，也在一定程度上被农民工视为城市身份的保障。在城市生活中，农民工被认可了城市居民身份，会促进其对城市文化的认同。

（四）群体认同

群体认同，即群体身份认同，是对"我归属哪个群体"的回答。一个族群的边界主要是社会边界，文化边界并不等同于族群边界。由于缺乏明确的外部、客观边界，以血缘关系为基础的集体信念是判断外来移民族群认同的主要标志。换言之，外来移民虽然可能会不认同迁入地文化，却在群体上认同本地身份，外地—本地群体认同是反映移民社会认同的主要内容。本研究对群体认同的考察着重关注新生代农民工对其所属群体的认可程度。具体变量包括"我不认为我是一名农民工""我与这个城市的市民没有什么区别""我不希望被人称呼为农民工"。

（五）地位认同

地位认同，即社会经济地位身份认同，是对"我的社会经济地位归属哪一个阶层"的回答。对社会分层理论的研究，如韦伯等指出社会分层与人们的主观意识有密切联系。作为移民社会认同重要组成部分的地位认同，能直接反映移民迁移现象的社会经济动因。本研究将其定义为新生代农民工在城市中的综合社会地位，即对个人所属的社会经济地位的认知，包括个人综合经济地位、收入水平和消费水平三个方面。

（六）职业认同

职业认同，即职业身份认同，是对"所从事职业的认同程度"的回答。已有研究表明，无论是新生代农民工还是其父辈，他们的职业转换很大程度上取决于其对所从事职业的认知和评估，他们倾向于从事自己相对熟悉的职业。本研究对职业认同的测量指标包括薪水、工作自主性、工作时长、升迁机会、今后的发展、社会声望六个方面。

上述潜变量测量检验请参考第二章相关内容。

图 4.2 访员刘一然和天津建筑工人交谈

三 建构社会认同模型

（一）样本结构

样本结构如本书第一章"人口特征"所说明的那样，其中男性占68.2%，女性占31.8%。1990年后出生者占42.42%，这意味着"90后"已成为新生代农民工的重要组成部分。调查样本只有2人取得当地城市户口（1人为石家庄户口、1人为天津户口）。在受教育程度方面，初中教育和高中/职高/技校等教育程度的占比均达到40%以上，明显高于其父辈（以小学为主）的受教育程度。调查的新生代农民工来到城市的

图 4.3　访员史若天、梁姗姗和石家庄两名新生代农民工交谈

时间集中在 2007 年后，1999 年前的人数不多，比例为 6.36%。2000～2007 年或 2007 年后，他们多数已经初、高中毕业，来到城市工作的条件已成熟。尤其是 2011 年后，随着年龄增长、阅历增加，这一时期正值我国"互联网+"经济开始起步，城市经济发展与基础设施建设需要大量人力，推动更多农村青年选择到城市工作和发展。

从被调查者从事的行业来看，比例较高的行业有住宿餐饮、建筑业、批发零售等。新生代农民工的年收入从最低值 0 元（可能是调查时有刚从家乡出来工作不满一年的年轻农民工，他们认为年收入只能算 0 元）到最高值 90 万元，是一个非正态分布，取其中位数和四分位数比较合理，年收入的中位数为 5 万元。为比较不同行业新生代农民工对收入的满意程度，笔者对三地调查样本的年收入进行方差检验，结果显示（$F = 1.524$，$P = 0.087$）不同行业在收入的满意程度上没有显著差别，可见新生代农民工对收入的满意度为"一般"，具有普遍性。

为使调查样本具有一定的代表性，本研究依据 2017 年国家统计局发布的农民工状况统计报告的相关数据进行加权处理，此部分请参考第一章的相关内容，此处不再赘述。

（二）模型建构

根据上述框架，为减少估计偏差，研究通过加权后的数据计算变量间的相关系数矩阵，并使用 AMOS 21.0 结构方程模型统计软件，对京津冀新生代农民工的社会认同模型进行拟合和验证。

使用 SEM 方法时，在有合理解释的情况下，可以容许自由估计因子间的相关性，但对指标误差间的相关性，除非有特殊理由，否则不能随意自由估计。[1] 本研究首先容许新生代农民工社会认同之间的影响关系可以自由估计，不容许自由估计指标误差间的相关性。经过初步估计后得到京津冀新生代农民工的社会认同模型，如图 4.4 所示。该模型总体拟合参数为：$CMIN/DF = 2.907$，$P = 0.000$，$NFI = 0.790$，$RFI = 0.761$，$CFI = 0.850$，$RMSEA = 0.064$。其次，变量之间的路径有一半不显著。显然，模型拟合度不高，有待进一步修正。依据全模型关系假设，笔者在修正过程中剔除了不显著的自由参数。

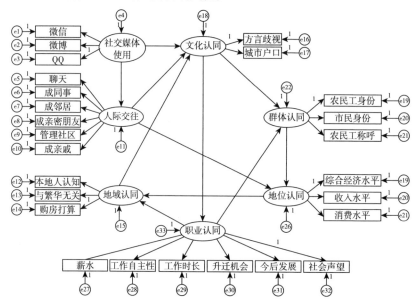

图 4.4　社会认同模型

---

①　侯杰泰、温忠麟、成子娟：《结构方程模型及其应用》，教育科学出版社，2004，第 119 页。

（三）模型修正

首先，依据媒介化理论，新增外生变量"人际交往"和"社交媒体使用"分别体现媒介生态环境中，新生代农民工使用社交媒体进行线上"社交"和线下现实交往的活动，它们共同构成了"人际交往"，即"社交媒体使用"与"人际交往"同属一个层面，存在双向互动关系，说明两者在模型中有共变关系。

其次，将"社交媒体使用"和"人际交往"与六个维度联系在一起，且保持各维度之间全模型关系假设，初步拟合后，删除不显著的路径，使所有路径在95%置信度下显著，如表4.1所示。

表 4.1　模型路径标准化系数估计

路径			标准化系数	S. E.	C. R.	P
职业认同	<---	社交媒体使用	0.309	0.110	2.807	0.005
地位认同	<---	职业认同	0.438	0.085	6.639	＊＊＊
地域认同	<---	人际交往	0.651	0.034	4.178	＊＊＊
地域认同	<---	地位认同	0.261	0.017	3.129	0.002
群体认同	<---	地域认同	0.317	1.176	2.643	0.008
群体认同	<---	人际交往	-0.176	0.184	-2.069	0.039
群体认同	<---	职业认同	0.227	0.152	3.941	＊＊＊
文化认同	<---	地域认同	-0.744	0.201	-3.767	＊＊＊

注：＊＊＊表示1%的显著性水平。

最后，考虑理论意义，依照修正指数 MI 值增列五组残差共变关系，分别为"聊天—成同事""本地人认知—购房打算""薪水—工作自主性""工作时长—工作自主性""成亲戚—地域认同"。依据已有研究，以上五组关系均可解释，即新生代农民工与所生活城市的当地人交往，往往是基于业缘关系。在对职业的感知中，薪水与工作时长会影响新生代农民工对工作是否自由的认知。此外，是否认同当地城市与是否愿意与当地人成亲戚相关，是否有能力买房又影响了农民工对自己是否是本地人的身份认同。因此，上述共变关系的建立兼具现实意义和理论意义。

经过上述步骤的修正，得到如图 4.5 所示的模型。修正后的模型拟合度高于初始模型，卡方自由度之比（CMIN/DF）由 2.907 降到 2.405，RMR 降到 0.076，其他各项参数均有所提升（见表 4.2）。

依据理论经验，P 值小于或等于 0.05、卡方值较大的原因是样本量过大，而非模型设定不佳。关于卡方值和样本量对拟合模型检验的诸多论述都表明，卡方值是样本量的函数，在样本数大于 200 的情况下，卡方值很难达到模型要求。由于 SEM 采用卡方值作为统计量，当样本数增大时，卡方值也会随之增大，导致 P 值小于或等于 0.05，这可能会使研究者拒绝比较合理的理论模型。所以，除了卡方值外，还要参考其他体现理论模型与数据吻合程度的指标。[①] 一般来说，调整后的拟合指数（AGFI）与塔克—刘易斯指数（TLI）均大于 0.9，且当近似均方根误差（RMSEA）小于 0.06 时，模型是比较令人满意的。[②]

该模型的所有路径均在 95% 的置信度下通过显著性检验。模型一方面印证了过往研究对社会认同多个维度之间存在一致性的结论，[③] 表现在职业认同与群体认同、地域认同与群体认同、地位认同与地域认同维度；另一方面也对最初的研究假设进行了修正，即 H1、H3、H4 成立，H2 和 H5 不成立。研究发现，在社会认同模型中引入社交媒体使用和人际交往变量对社会认同的不同维度会产生差异化作用。

（四）回归和路径分析

模型中各变量的设定如下：社交媒体使用=ξ_1，人际交往=ξ_2，地域认同=η_3，职业认同=η_4，群体认同=η_5，地位认同=η_6，文化认同=η_7。以上 7 个变量对应的残差值为 $\zeta_1 \sim \zeta_7$，表达式如下：

[①] 陈宽裕、王正华：《结构方程模型：运用 AMOS 分析》，五南图书出版股份有限公司，2010，第 378~382 页。温忠麟、侯杰泰、马什赫伯特：《结构方程模型检验：拟合指数与卡方准则》，《心理学报》2004 年第 2 期。Maruyama, G., *Basics of Structural Equation Modeling* (New York: Sage Publications, 1997), p.234.

[②] 侯杰泰、温忠麟、成子娟：《结构方程模型及其应用》，教育科学出版社，2004，第 128 页。

[③] 张文宏、雷开春：《城市新移民社会认同的结构模型》，《社会学研究》2009 年第 4 期。

$$\eta_3 = 0.65\xi_2 + 0.26\eta_6 + \zeta_3$$

$$\eta_4 = 0.31\xi_1 + \zeta_4$$

$$\eta_5 = 0.32\eta_3 + 0.23\eta_4 - 0.18\xi_2 + \zeta_5$$

$$\eta_6 = 0.44\eta_4 + \zeta_6$$

$$\eta_7 = -0.74\eta_3 + \zeta_7$$

上式表明，在社会认同全模型中引入社交媒体使用和人际交往变量，社交媒体使用对职业认同产生显著正向影响，通过职业认同对地位认同产生间接影响。人际交往对地域认同产生正向影响，通过地域认同对文化认同产生负向的间接影响。社交媒体使用和人际交往变量通过地域认同、职业认同对群体认同产生正向的间接影响，人际交往对群体认同产生负向影响。因此，社交媒体使用与职业认同、地位认同、群体认同间存在一致性认同倾向，人际交往与地域认同和群体认同间存在一致性认同倾向。社交媒体使用与地域认同和文化认同间存在差异化认同倾向。

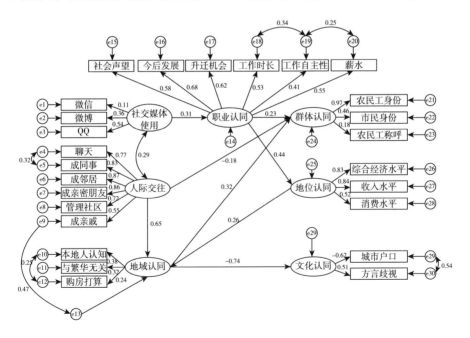

图 4.5　修正后的社会认同模型

表4.2　修正后的社会认同模型拟合情况

指数类型	指标	模型值	标准	评价
绝对适配度	GFI（拟合优度指数）	0.902	≥0.9	优
	AGFI（调整后适配度指数）	0.880	≥0.9	良好
	RMSEA（近似误差均方根）	0.054	<0.06	优
增值适配度	NFI（标准适配指数）	0.827	≥0.8	优
	RFI（相对适配指数）	0.803	≥0.8	优
	IFI（增值适配指数）	0.891	≥0.9	良好
	TLI（非规准适配指数）	0.874	≥0.9	良好
	CFI（比较适配指数）	0.890	≥0.9	良好
简约适配度	PNFI（调整后的规准适配指数）	0.725	>0.6	优
	PGFI（简约适配度指数）	0.733	>0.6	优

四　社交媒体对社会认同的影响路径

在移动互联网技术高度嵌入人们日常生活的当下，在已有社会认同模型中引入社交媒体使用和人际交往两个外生变量，发现新生代农民工的社交媒体使用和人际交往对其社会认同的影响路径呈现一致性认同与差异化认同并存的显著特征。

（一）一致性认同

1. 社交媒体使用对职业认同和地位认同有显著的促进作用，职业认同对群体认同产生正向影响

社交媒体的广泛使用，使新生代农民工群体得以了解他们在职场的工作自主性、薪资待遇、工作安全性、升迁机会以及社会声望等，帮助其确认职业带给自己的保障以及未来发展的可能性。对新生代农民工来说，通过付出劳动获得稳定的收入是保障自身及家庭能够立足于社会的重要方式，而较高程度的职业认同能帮助他们提升自我价值，使他们全

身心地投入生产。由李春玲的研究可知，与他人的比较是获得职业认同的重要方式，在与以下三类群体——尚未迁移到其他地区的原住地居民、迁入地的本地居民、与他们同样的外来迁移者进行比较时，尽管新生代农民工并没有在客观上表现出比本地居民拥有更好的职业，但与尚未迁移到其他地区的原住地居民和与他们同样的外来迁移者进行比较时发现，他们可能具有职业上的优势，[1] 尤其当新生代农民工通过社交媒体与留在老家务农或从事其他更低收入职业的亲朋联系时，薪资等职业上的相对优势帮助他们获得主观上的心理满足以及外在的"面子"。从京津冀三地新生代农民工职业认同的测量变量中也可以看出，较高的职业认同表明新生代农民工在总体上对职业现状有较高的满意度，并且对自己归属的群体比较认同。

2. 人际交往对地域认同有显著的促进作用

本研究中人际交往的测量变量是新生代农民工与当地居民交往的社会距离，即越是与当地居民交往紧密，越能够促进他们的地域认同。北京、天津、石家庄三市同处华北平原，文化习俗接近，但是由于历史、经济等原因，三个城市在国家社会经济格局中呈现不平衡的发展状态。北京作为首都、天津作为直辖市、石家庄作为省会城市，无论是经济发展程度还是居民消费水平都呈现京、津、石逐步下行的态势。在新生代农民工工作及与当地居民的现实交往中，生活城市的（地域）认同发挥了重要作用。地域认同帮助他们融入城市环境，让他们在心理上更加希望能够留在城市，享受同等的城市资源。石家庄的地域认同回归系数远大于其他两个城市（篇幅所限，不再画出模型图）。这进一步说明，在经济较不发达的城市，农民工对经济收入、购房计划等方面有更加现实的考虑。地位认同会对地域认同产生正向的促进作用。人们倾向于选择在地位满意的社会中生活，即地位认同与地域认同达到一致。因为新生代农民工的地位认同度越高，表明其获得的社会认可越多，通过地域认同人们能很好地维持这种被认可的感受。同时，地位认同程度的提高，

---

① 张文宏、雷开春：《城市新移民社会认同的结构模型》，《社会学研究》2009 年第 4 期。

也为他们提供了进入城市决策正确的佐证。京津冀新生代农民工对北京、天津的地位认同程度低于石家庄，如果他们长期不能认同自己的社会地位，又无力在迁入城市提升自己的社会地位，从理性的角度来看，他们可能选择迁移他地或回到原籍，这一结论与其他研究结果较为一致。①

3. 地域认同对群体认同有显著的促进作用

地域认同度越高的新生代农民工对自己归属的群体认同度也越高，社会环境对个体的思想与惯习具有潜移默化的形塑力量。对同一地域具有相同或相近认知，并表现出主动亲近的人，在身份归属上也更加合群，倾向于融入"我们"，共享对地域的积极印象、情感联结，区隔群体外的"他者"。对石家庄认同度较高的新生代农民工倾向于将自己看作石家庄人，而不是外来的农民工。这一点在实地调查中不断得到佐证，在石家庄务工的新生代农民工大多认可这个城市，认为自己和城市居民没有差别。而在北京工作的农民工，他们普遍觉得自己"迟早是要回家的，只是趁年轻出来见识一下"，他们认为这个城市并不属于自己，自己与当地居民间存在隔阂。

（二）差异化认同

人际交往与群体认同存在差异化认同倾向。一方面，新生代农民工与当地居民的社会距离越近，越促使他们倾向于认同当地居民而非农民工群体。另一方面，新生代农民工的地域认同对其文化认同产生负向影响，表现为新生代农民工对家乡文化的认可与怀念，以及通过自我奋斗取得所在地户口的意愿（通过对生活在三个城市新生代农民工的调查可知，想通过努力获得石家庄和天津城市户口的农民工比例明显高于生活在北京的新生代农民工）。理想状态下，个体社会认同的各个维度应处在平衡状态。当地域认同与其文化认同产生不对称、不一致的作用力时，容易使个体产生认知失衡，并表现为对自我与周遭环境的否定，进而与城市更加疏离。芝加哥学派的社会学家帕克曾经这样描述美国移民群体

---

① 张文宏、雷开春：《城市新移民社会认同的结构模型》，《社会学研究》2009 年第 4 期。

的边缘化特征，"他们寄托在两个不同的群体当中，但又不完全属于任何一方，他们的自我概念是矛盾的、不协调的。其生存状态呈现既有希望又常怀失望，既亟须选择又别无选择，既要为适应新环境而进行冒险、又要为承受而付出忍耐，痛苦和憧憬并存，颓废与发奋同在"。[①] 这种边缘性发生在京津冀新生代农民工身上，张海波、童星的研究指出，"未来归属与目前身份判断不一致……存在着自我紊乱"。[②] 在访问过程中，笔者接触到的在北京工作的新生代农民工，他们明确表示北京房价过高，不会考虑在此一直工作或生活，年轻的农民工想趁年轻到一线城市"增加见识""开阔眼界"，挣钱后回家乡置业。而石家庄的经济压力相对较小，农民工融入该城市的可能性也相对较高。

通过对京津冀三地新生代农民工的实地调查，运用结构方程模型分析得知，在媒介化生存背景下，新生代农民工对社交媒体的使用及现实人际交往，对其地域认同、群体认同和职业认同产生直接效应，并通过地域认同和职业认同影响其地位认同与文化认同。

地域认同关系新生代农民工生活、居住和工作的场所，包括其对所在城市的建筑、公共设施、消费水平等的认知和评价，也包括所在城市对他们的接纳和包容程度。数据分析显示，新生代农民工对石家庄的地域认同要高于北京和天津，京、津两地较高的经济发展水平和优良的技术创新环境使新生代农民工对未来充满希冀和向往；但同时，高房价、严格的户籍制度以及相对较低的城市接纳包容程度，也在一定程度上阻碍了他们融入两地。实地访谈中多次听闻他们感叹在这两地生存不易。相反，石家庄相对低廉的房价和较低的消费水平给他们留下了生存的余地和空间，他们反过来会更加认同这一省会城市。京、津的经济社会发展水平高于石家庄，这是不争的事实。但是，如何在京津冀协同发展的战略格局下，制定人性化的、既有一定门槛同时是可触碰到的天花板式

---

① 〔美〕罗伯特·E. 帕克：《移民报刊及其控制》，陈静静、展江译，中国人民大学出版社，2011。

② 张海波、童星：《被动城市化群体城市适应性与现代性获得中的自我认同——基于南京市561 位失地农民的实证研究》，《社会学研究》2006 年第 2 期。

的政策，需要相关部门人员结合社会资源创新思维，吸引更多新生代农民工融入城市社会，提高北京、天津等一线城市的"在地凝聚"程度。

社交媒体是新生代农民工沟通交流的媒介，"在地凝聚"促进其建构群体圈子的认同，以及对所从事职业的认同，继而影响文化认同和地位认同。用一句话表述，即"安居才能乐业"，扎根才能发展。

第五章　新生代女性农民工的自我认识

> 女性要实现自我，就要改变女性的依赖性，做到自尊、自
> 立、自强。
>
> ——天津新市民工友文化服务中心一女性被访者

自 20 世纪 80 年代早期中国出现第一波"民工潮"开始，越来越多的农村劳动力进入城市。随着经济转型和结构调整的深化，这些农民工群体自身也正在经历着代际的分化。流入城市的农村劳动力呈现越来越年轻化的趋势，新生代农民工逐渐成为农村流动人口的主要群体。相较于"老一代"农民工，新生代农民工在受教育水平、社会交往、行为方式和生存状况等方面发生了很大变化，他们的认知和观念也随之变化。在农民工这一群体中，女性农民工面临比男性更艰难的状况，她们需要面对就业和薪酬中的性别不平等、难以平衡工作和家庭的关系等困境，因而女性农民工成为研究者聚焦的对象。

与此同时，伴随中国妇女运动的发展和社会进步，中国女性自我认识正在不断觉醒。自我认识对建构女性良好的人格体系，培育"自尊、自信、自立、自强"的品格意义深远。个体在社会化过程中不断完善自我认识，将促使其在接受社会文化与社会环境影响的同时，能动地进行主观选择。相较于仍留守在农村的女性，进入城市寻求发展的女性，在她们拥有独立的经济来源后，她们的自我认识是否发生了变化？了解当前新生代女性农民工自我认识的现状，对理解和改善她们的生活有深刻的意义。

一　新生代女性农民工的研究回顾

目前，关于新生代女性农民工的研究主要集中于以下几个方面。

第一，就业情况。新生代女性农民工的就业状况总体较差，表现为工资待遇低、工作时间长，劳动合同签约率低、非正规就业现象多，易受城市歧视和性别歧视。[①] 受教育年限是影响其薪资待遇的主要因素，工作年限次之。[②]

第二，婚恋选择。有学者认为新生代女性农民工的婚恋观呈现一定的现代性特征，如自主、追求爱情等，但也存在婚恋动机功利化、婚恋取向非理性、婚恋生活虚拟性等问题。[③] 有些学者则重点关注新生代女性农民工返乡婚嫁的现象，流入地社会网络的稳固和强大，使她们无法与城市社会建立起有效的联结，[④] 许多新生代女性农民工选择返乡婚嫁。

第三，城市融入和身份认同的困境。女性农民工在新生代农民工群体中是较为特殊的存在，受到性别歧视和传统价值观念的影响，在适应和融入城市的过程中，她们表现出更强的弱势性和边缘性。[⑤] 有学者探讨了她们在性别认识的觉醒方面的实践，以及父权规范、大众媒介、城市交往等对其性别认同的影响。[⑥] 还有学者研究了脸部、服饰和体型等身体消费对身份认同的影响，他们认为身体消费行为的两栖性带来了新生代女性农民工身份认同的两栖性。[⑦] 李镓通过分析"打工妹"的日常

---

① 谢启文：《新生代女性农民工就业状况及对策分析》，《改革与战略》2015 年第 6 期。

② 郭江影、江金启、戚迪明：《新生代女性农民工就业状况及就业选择的影响因素研究》，《南方农村》2014 年第 10 期。

③ 刘晋：《简析新生代女性农民工的婚恋观》，《重庆科技学院学报》（社会科学版）2013 年第 9 期。

④ 张杰、胡同娟：《从陌生人到返乡者——女性新生代农民工择偶过程中的生活世界重构》，《中国青年研究》2013 年第 3 期。曹志刚、孟芳萍：《社会网络对新生代女性农民工返乡婚嫁的影响研究》，《中国青年研究》2016 年第 9 期。

⑤ 石纨雯：《新生代女性农民工城市融入问题困境与对策研究》，《昆明学院学报》2015 年第 5 期。

⑥ 郑欣、张春琳：《性别、传播与认同：新生代女性农民工城市适应研究》，《中国地质大学学报》（社会科学版）2014 年第 5 期。

⑦ 傅佳燕：《新生代女性农民工身体消费与身份认同研究——基于嘉兴市的调查》，硕士学位论文，浙江大学，2016。

话语和行为实践，同样得出其"双重边缘人"尴尬身份的结论。[1]

综上所述，目前在新生代女性农民工的研究中，针对"自我意识"问题的研究主要集中于农村妇女。女性的自我意识（self-consciousness）是个体对自己作为客体存在的各方面的认识，即个体对自己身心状态的察觉和认识，包括认识自己的生理状况、心理特征，以及自己与他人和周围世界的关系，表现为认识、情感、意志三种形式，即自我认识、自我体验、自我调节。[2] 针对福建省农村妇女的问卷数据表明，农村妇女的自我意识虽有觉醒和提升，但对自身角色认知仍较为狭隘。[3] 也有学者从社会性别视角研究社会传统文化和教育对其自我意识的影响。[4]

二　新生代女性农民工的基本情况

本研究关注新生代农民工的自我认知，调研资料显示，迁居在京津冀的新生代女性农民工在教育水平、居住方式、工作情况和婚姻状况等方面都具有一定的特点。

（一）女性受教育程度普遍高于男性，但仍有陪伴的需要

京津冀三地的女性农民工受教育程度略高于男性，如表 5.1 所示。在新生代女性农民工中有 58.8% 接受了高中及以上教育，而这一比例的男性为 52.3%，那些完成了高中教育的女性，会更有自信走出农村。当然，这并不意味着受教育程度低的女性不倾向于走出农村，但文化程度的差异一定会让女性在做出这一决定时显现出不同的自我认识。

在城市中，超过一半的新生代男性农民工是倾向地缘或者业缘的，他们往往选择与老乡、同事、朋友同住，而超过一半的新生代女性农民

---

① 李镕：《双重边缘人："打工妹"的身份问题再探讨——基于质化研究方法的研究路径》，《新闻界》2015 年第 3 期。

② 俞国良：《社会心理学》，北京师范大学出版社，2006，第 15 页。

③ 陈福英：《农村妇女自我意识的现状及影响因素——来自福建省农村妇女调查报告》，《中华女子学院学报》2005 年第 3 期。

④ 钟立：《从社会性别视角分析农村女性的自我意识现状及影响因素》，《湘潮（理论）》2009 年第 4 期。

工倾向选择与亲人（配偶、亲戚、男女朋友）同住，且独自居住比例明显低于男性。这表明，女性在城市中更需要陪伴，她们更倾向于选择和熟悉的人，尤其是家庭成员居住在一起。这在一定程度上表明，女性生活多以家庭、情感为维系纽带。

表 5.1　新生代农民工基本情况

单位：%

基本情况		性别	
		男	女
受教育程度	未上过学	0.6	0.0
	小学	3.9	3.4
	初中	43.2	37.8
	高中、职高、技校、中专	40.3	43.9
	本科及以上、专科	12.0	14.9
与谁同住	独自居住	14.9	7.4
	与亲人（配偶、亲戚、男女朋友）同住	30.8	56.8
	与陌生人合租	1.6	2.0
	与老乡、同事、朋友同住	52.6	33.8

（二）女性在行业和职业上更单一，自雇比例高于男性

新生代男性农民工的行业主要分布于住宿和餐饮业、建筑业、批发和零售业，而女性农民工集中于住宿和餐饮业，比例超四成（见表5.2）。新生代男性农民工从事的职业主要分布于商业、服务业人员，专业技术人员，生产、运输设备操作人员及有关人员，而女性农民工从事的职业集中于商业、服务业人员，比例超八成，表明女性农民工的工作选择较为单一。值得注意的是，新生代男性农民工以雇员身份参加工作的比例高于女性，而女性个体工商户和自由职业者等自雇身份的比例高于男性。这表明女性农民工倾向于自己经营生计，同时说明她们能应聘的岗位较少，社会为女性提供的就业岗位多集中于女性擅长的服务类工作，品种较为单一。

表 5.2　新生代农民工从事行业及职业情况

单位:%

从事行业及职业		性别	
		男	女
行业	制造业	6.8	7.4
	电力、热力、燃气及水生产和供应业	1.9	0.0
	建筑业	21.1	0.7
	批发和零售业	12.0	18.9
	交通运输、仓储和邮政业	9.4	2.0
	住宿和餐饮业	21.8	43.2
	信息传输、软件和信息技术服务业	0.3	0.0
	金融业	1.9	1.4
	房地产业	3.9	2.7
	租赁和商业服务业	2.9	4.1
	科学研究和技术服务业	1.0	0.0
	水利、环境和公共设施管理业	0.0	0.0
	居民服务、修理和其他服务业	11.4	12.2
	教育	0.0	2.0
	卫生和社会工作	0.0	1.4
	文化、体育和娱乐业	2.6	2.0
	公共管理、社会保障和社会组织	2.6	1.4
	其他	0.3	0.7
职业	国家机关党群组织、企事业单位负责人	0.0	1.4
	专业技术人员	20.8	1.4
	办事人员和有关人员	6.2	4.7
	商业、服务业人员	59.1	85.8
	生产、运输设备操作人员及有关人员	14.0	6.1
	其他	0.0	0.7
从业身份	雇主	3.2	2.0
	雇员	87.0	81.6
	自雇	9.7	16.3

（三）新生代女性农民工的收入天花板较低

从表5.3可见，男性收入水平高于女性，虽然两者的平均值和中位数相差不大，但是女性的收入天花板明显低于男性。这表明，女性在经济收入方面受到的限制较大，或与其从事的职业和拥有的社会资本有关，女性农民工普遍较难获得更高的收入。

表 5.3　新生代农民工收入情况

单位：万元

性别	收入						
	平均值	中位数	方差	最小值	百分位数 75	百分位数 95	最大值
男	6.4	5.0	44.8	0.0	7.2	90.0	90.0
女	4.3	4.0	5.9	0.0	5.0	10.0	10.0

女性面临更大的平衡挑战，在平均年龄相近的新生代农民工中，女性已婚比例比男性高出近10个百分点，并且拥有子女的已婚女性比例也高于已婚男性。相较于男性，女性仍以家庭为主，她们在工作之余，需要面对协调与平衡工作和家庭、照顾老人与孩子等现实问题。

图 5.1　访员史若天和天津新工友中心一女工交谈

图 5.2 北京皮村打工文化中心的女工闲暇生活

（四）生育和福利待遇

对女性而言，结婚生育是她们人生的大事，对她们的工作和生活产生深刻影响。她们来到城市可能面临与其家乡的女性亲戚们不同的境遇，为此，本文对她们的生育福利保障情况进行了调查。

1. 婚姻和生育现状

接受调研的女性共有 145 名，以 1991~1997 年出生的人最多，占比为 41.38%；1980~1985 年和 1986~1990 年出生的人占比分别为 22.76% 和 22.07%（见图 5.3）。她们中将近一半的女性未婚，没有孩子的人数占到一半以上。超过 50% 的女性已婚，有 1 个和 2 个孩子的比例相差不大，分别为 24.1% 和 21.4%（见表 5.4）。

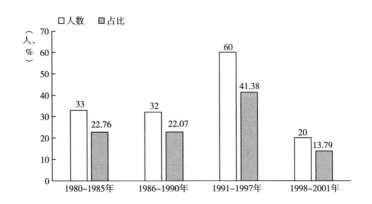

图 5.3 受访者不同年龄段的人数和占比

表 5.4 新生代农民工婚姻状况

单位：人

	类别	男	女	总计
婚姻状况	从未结婚	169	68	237
	初婚有配偶	138	75	213
	再婚有配偶	0	1	1
	离异	2	0	2
	同居	2	1	3
子女数量	无	188	78	266
	1 个	66	35	101
	2 个	54	31	85
	3 个及以上	3	1	4

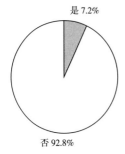

图 5.4 在工作的城市
有过生育经历并享受
过产假的受访者占比

2. 生育福利保障状况

以婚姻法规定的结婚年龄来计算，2017 年满 20 岁及以上的女性有 125 人，遇到婚育事件，用人单位是否按照国家相关规定给予她们生育福利或其他福利？我们特意询问了这些问题，以此反映她们在城市工作中"享受"的与男性不同的待遇。有 9 人在所在城市有过生育经历且享受了产假，占比为 7.2%（见图 5.4）。其中，有 3 人休了 3 个月的产假，剩余 6 人为 4~12 个月不等。产假期间，9 人的工资全部正常发放。产假之后，9人均顺利返岗。从这一点来看，用人单位在保障女性生育福利方面做出了一定的努力。

三　"依附意识"有弱化倾向

自我意识通常由三种形式构成，即认知、情感和意志，对应自我认识、自我体验和自我控制。如前文所述，自我认识是自我意识的认知成分，是对生理自我、心理自我和社会自我的认识。本研究主要关注女性农民工对社会自我的认识，它是自我意识中的基础部分，决定自我体验以及自我控制。自我体验又强化自我认识，自我控制则是完善自我的途径，对自我认识、自我体验有调节作用。将自我认识、自我体验与自我控制整合后，形成完整的自我意识。[1] 在现代人类社会中，与男性相比，女性在社会经济、家庭角色方面处于弱势地位。外在的制度性贬抑有可能会带给他们自我认识方面的错位。为探明这一问题，调研围绕自我认识设计相关量表。对量表的测量效度进行检验时，需要对量表进行因子分析（KMO = 0.640，Bartlett 球形检验度为 70.801，P = 0.000），提取两个公共因子（累计解释方差 45.12%）。根据各自载荷值，分别对两个公共因子进行命名。公共因子 F_1 载荷值较高的 3 个题项，表达的内容与女性独立工作、有担当的认识和行为相关，故将公共因子 F_1 命名为"独立意识"；同理，公共因子 F_2 载荷值较高的 4 个题项表达的内容与依附丈夫、嫁有钱人的认识和行为相关，故将其命名为"依附意识"（见表 5.5）。整体来看，接受调查的女性对自我有比较清醒的认识，经济独立、有较高的工作技能等都将使她们获得较高的认可（如题项 1 和题项 3 得分均值都在 4 分以上）。相反，她们对女性要依附于丈夫或家庭表现的认可程度较低（如题项 4~6 得分均值都在 2 分以下）。这种自我认识与她们较高的受教育程度有关，也与现代女性独立意识的提升有关。

---

① 苏京、詹泽群：《大学生心理健康教育》，天津科学技术出版社，2009，第 37 页。

表 5.5　受访者自我认识的因子分析

题　项	独立意识	依附意识	均值	标准差
1. 我认为我能很好地协调家庭与工作的关系	0.701	—	4.32	1.151
2. 我出门打工是想多挣点钱，贴补家用	0.574	—	2.85	1.430
3. 我想在城里学习一门手艺，将来能在城市独立生活	0.521	—	4.22	0.928
4. 女性就应该在家带孩子，挣钱是男人的事	—	0.740	1.49	0.838
5. 我觉得多挣钱比教育孩子更重要	—	0.642	1.54	0.940
6. 我打工是为了赚取兄弟娶妻的彩礼费用	—	0.392	1.94	1.596
7. 女人一定要嫁个有钱的丈夫	—	0.717	1.80	1.188

根据心理学相关理论，人的年龄、受教育程度和认知水平均对自我认识产生影响。为此，本研究将对年龄、受教育程度与上述提取的女性自我认识的公共因子进行分析。

笔者以 2014 年为节点，按照受访者来城市的时间将其分为 2014 年前和 2014 年后两个组，2014 年前来到本地的受访者，可将其视为在城市生活较久的人，2014 年之后来到此地的，则被视为在城市生活时间较短的人。假定她们的自我认识受到城市生活和工作经历的影响而发生了变化。对此进行独立样本 T 检验，结果显示，尽管对"独立意识"而言，城市生活较久的人和生活较短的人未显出明显的差异（t = 0.314，Sig. = 0.754），但是她们的"依附意识"发生了改变（t = 2.095，Sig. = 0.038），城市生活较久的一组人在"依附意识"上得分明显小于生活时间较短的一组。对受教育程度、"独立意识"和"依附意识"进行分析，得出结论：接受社会教育、丰富进入城市工作和生活的经历，可在某种程度上培养她们的独立意识、降低依附意识。大约在 70 年前，英克尔斯以检验马克思"社会存在决定社会意识"为动机，逻辑推演出"工厂是培养现代性的学校"的假设，以阿根廷、智利、孟加拉国、印度、以色列、尼日利亚 6 个发展中国家的调查资料为基础，科学检验了该假设,① 从而检验了马克思"社会存在决定社会意识"的论断。本研究部分印证了教育与城市工作和生活经历可以弱化女性的依附意识。

受访者"北京—酒店领班彭女士"从学校毕业后来到北京,三年来一直从事酒店领班工作。她自称是喜欢安逸生活的人,本来并不想独自"北漂",是母亲"强迫"她来到北京。"我妈经常说女孩子要去大城市看一看,迟早是要嫁人的,嫁人之前去外面开阔一下视野。"起初彭女士并不喜欢北京,觉得这里压力很大、空气不好,"而且本地人又有点歧视外地人"。工作生活至今,她慢慢适应了北京的节奏,也发现了大城市交通便利、医疗发达等好处,闲暇的时候会游览北京的景点,事业方面每年也都在取得新的进步。"我每一年都有自己的目标,这一年我是很满意,但是如果明年还是这个现状那肯定就不满意了。"彭女士对于未来的规划尚不明晰,她有男朋友,打算"结婚之前都暂时留在北京工作",以后可能会回老家陪伴父母。彭女士果断提出生孩子以后不会做全职妈妈,将继续工作,"我觉得女性一定要经济独立,人格也要独立"。在天津新市民工友中心遇到一名 2016 年初从山西长治来津的女孩,她在天津某电子设备企业打工。谈到来城市打工最大的收获时,她说:"最大的收获啊,觉得成长得挺多的,然后独立了吧。因为以前在家的时候,都有爸爸妈妈,什么都是爸爸妈妈照顾。然后现在来到外边,什么都得自己一个人面对。不管是做事,还是做人,反正比之前要成熟吧。"她们的经历在女性农民工群体中有一定的代表性,其经历与想法都体现了新生代女性农民工较强的独立意识。

从对自己工作各个方面的满意程度来看,女性受访者的满意程度较高,得分均在 3 分以上。比较而言,对与工作本身带给自己的利益相比,她们对在职场的人际关系更为满意。对由工作获得的利益满意度相对较低,如薪水、升迁机会、发展帮助和社会声望等（见表 5.6）。

---

① 〔美〕英克尔斯（Inkeles, Alex）、〔美〕史密斯（Smith, David H）:《从传统人到现代人:中东六个发展中国家的个人变化》,顾昕译,中国人民大学出版社,1992,第 3 页。

表 5.6　受访者对工作各个方面满意程度的认知

单位：人

项目	均值	标准差	填答有效人数	项目	均值	标准差	填答有效人数
薪水	3.45	0.907	144	发展帮助	3.53	1.010	139
工作自主性	3.68	0.980	144	社会声望	3.53	0.860	144
工作时长	3.61	1.032	144	与同事关系	4.44	0.654	135
工作安全性	4.33	0.792	144	与老板关系	4.21	0.798	121
升迁机会	3.47	0.989	100	与下属关系	4.27	0.795	52

如前文所述，本调查中女性收入低于男性，平均年收入为 4.3 万元，中位数为 4.0 万元。将中位数 4.0 万元作为分割点比较收入高的一组人与收入较低的一组人对工作满意度的得分，结果显示二者并无显著差异（t = 0.273，Sig. = 0.786）。这表明，无论收入高低，女性农民工都对自己从事工作的薪水、工作时长、安全性等方面感到比较满意，这个结论与表 5.6 的数据吻合，在一定程度上体现了她们对工作性质的认识还处在比较朴素淳厚的阶段，也可能是出于一种善意的"调查正确"的做法。

四　女性自我认识的逐渐觉醒

结合深访资料，从以下几个方面阐述新生代女性农民工在择业、择偶、融入生活、生产等方面的自我认识，从中窥得她们逐渐觉醒的自我认识。

（一）职业选择方面自我认识增强，渴望通过培训获得心仪工作

新生代女性农民工在职业选择上的自我认识不断觉醒，但受制于文化水平和性别歧视，可选择的工作相对较少，她们对在城市中的就业状态依然感到不满意和迷茫。

很多被访者对目前从事的流水线工人、餐厅服务员等工作有很明确的自我认知和体验，"工厂车间这个工作一点技术含量都没有，对以后的工作也没什么帮助，每天就那么几个动作""就像机器人一样，没有

别的感情，非常机械，每天都在里面做一样的事情，没有一点社会交流，感觉好像进了监狱""做服务员就是靠体力"……她们对现状不满，渴望获得更符合自己兴趣和爱好的工作，或更具有技术含量的工作。

一些人勇敢做出改变，并获得了自己满意的工作。"我个人特别喜欢纹绣这个行业，喜欢很多年了。之前因为孩子小，还有经济方面的各种原因吧，一直没有做。今年一下子鼓起勇气就做了"，从销售转行成为纹绣师的李女士这样说道，为此她还专门找老师学习了很长时间的专业知识。事实上，从问卷调查的数据可以发现，有超八成的新生代女性农民工想在城里学习一门手艺，以便将来她们能在城市独立生活。

但囿于性别和受教育程度，新生代女性农民工想要获得自己心仪的工作并不容易。性别歧视依然存在，特别是一些需要耗费体力的工种。在酒店管理、车间工人等岗位上女性暂时能获得平等对待，尤其在某些需要细心操作的工种上女性将更容易获得就业机会。

对女性来说，更多的限制在于文化水平和职业技能，很多受访者表示，在找工作时，文凭是一个硬性条件，"现在这个社会吧，不是看学问就是要技术"。她们很清楚自己的局限性，越来越认识到教育的重要性，很看重对下一代的教育培养，也非常渴望有机会去成人学校学习或参加培训课程。"我也很想学习一些东西，可是没有这个条件。只要是对我以后工作有帮助的，我都想学，反而这几年学习的劲头上来了。"

与此同时，也有部分新生代农民工对自己的职业发展没有清晰的认知，觉得"过一天算一天"，甚至无法对自己是否满意做出判断，对未来充满迷茫。

（二）恋爱择偶更注重自我情感体验，坚持女性经济独立观念

在进入城市工作生活后，新生代女性农民工感受到城市与农村在婚恋观念方面的差异，她们自己的想法也随之发生改变。相比农村经人介绍定亲的传统婚恋方式，她们更认同城市"自由恋爱"的观念。

对于恋爱择偶的标准，她们更注重情感体验，更想要一种安全感，对物质性的东西没有那么在乎。"这个人对我好就行,不用非得特别有钱,我还是有点感情至上的""我不想因为有钱(或者)没钱,来跟爱情挂上钩"……从问卷调查结果也可以看出,超五成的新生代女性农民工非常不同意"女人一定要嫁个有钱的丈夫",她们认为挣钱是两个人的事情,两个人可以一起奋斗,获得更好的生活。甚至有一些受访者冲破传统观念,开始认同结婚不是必需的选择,"谈恋爱谈一辈子,我也不介意,没有必要非得为了结婚去谈个恋爱"。

与此相对的是,对女性在婚姻中的角色定位,她们有比较清晰的认识。在问卷调查的受访者中,有近九成受访者表示不同意"女性就应该在家带孩子,挣钱是男人的事"。她们认为在婚姻和家庭里,女性应该是经济独立的,有自己的社会价值。"我自己的独立是第一位的,能随时抽身出来。"很多人都表示不愿意也不会做全职太太。"老家的婚恋思想比较落后,结婚了之后男人出去挣钱工作,女人要在家做家务带孩子,我很反对这种做法,在北方就是男女都要出去工作,这样就挺好的。"

她们对婚姻关系也普遍看得比较清楚,"我不能保证我们两个一辈子顺顺当当、白头偕老,婚姻这种事情是很难说的,在过程中任何问题都会引发矛盾""所以哪怕有一天你发现他的人、他的心不在你这里了,你会后悔、会哭,但最起码你可以自己留一点积蓄,还能生活"。

同时值得注意的是,在婚恋方面自我认识的觉醒,不能消解家庭与工作之间的现实矛盾。虽然有近八成的新生代女性农民工认为,自己能很好地协调家庭与工作的关系,但很多已婚女性受访者在对话中表达了平衡的困难。"我最近刚丢了一份家具厂办公室的文职工作,因为时间问题吧,孩子老是生病,没有人照顾,所以就辞职了""我觉得如果照顾工作的话,孩子肯定会忽视一点,如果照顾孩子的话,工作这边就不能全心全意,还是感觉照顾孩子和工作得折中,这应该也是每个妈妈的难题吧"……不过她们也在积极地寻求解决办法,找一些时间比较灵活和自由的工作,努力地协调着。"孩子现在还小,工作和孩子之间是有冲突的,还是选择以家庭为主,现在这份工作就挺好的,比较自由,我也喜欢，能赚一些钱，又能照顾孩子。"

但也有受访者受到传统观念的影响，在男女关系中表现出不自信，认为"女人总是要结婚的，一个人孤孤单单过着也不行啊。女人各方面还是要弱一点吧，赚钱的能力、思想啊各方面"。对于婚前同居和婚前性行为这些传统观念里比较敏感的话题，大部分新生代女性农民工仍然表现出"接受不了""不喜欢"。"这个事情在城里好像比较普遍了，大家都很开明，但我自己还是比较忌讳的。"

（三）理性面对城市人的消费模式，尝试学习城市人健康的生活方式

面对城市人的生活方式，新生代女性农民工整体来说比较理性和冷静，会根据自己的实际情况进行调整，而不是盲目模仿。

从消费模式来说，城市人"花钱手脚大""更爱买奢侈品"，也会通过各种方式"超前消费"。应该说，这些接受访谈的女性农民工都有自己的态度。很多人均表示不会超前消费，会根据自己的能力量入为出，"我这个人挺知足的，就喜欢过那种平淡的日子，挣的钱够花就行，也不太羡慕城市人那种消费"。她们对奢侈品也有自己的想法，"我个人其实对品牌啊，没有什么贵贱的感觉，我觉得不管是粗布麻衣还是丝绸锦缎，只要能裹体、能保暖，就行了，我自己觉得穿着舒服、顺眼就好了"。

当然，新生代女性农民工愿意学习城市人健康的生活方式，"北京人生活品质更高吧，都会健身什么的，身边有很多人去健身房锻炼，所以我也有倾向去报个健身班，尝试一下"。同时她们会尝试加入城市人感兴趣的圈子，"我会加一些养花、养狗、做饭的群，大家在里面分享经验，有很多是本地人，我可能已经融入这个圈子了吧，喜欢这些东西，喜欢自己做一些健康的食物，我觉得自己还是挺热爱生活的"。

但是刚出来打工的女孩子情况会不一样，有受访者表示，她们"会很注重打扮，平时也会化浓妆什么的，会把自己往城市人靠"，"有些刚出来打工的每个月都把自己的工资花完，就是捯饬自己啊"……对于这些刚接触繁华都市的女孩子来说，她们还处在比较迷茫的阶段，需要生活的历练。

（四）社会参与意愿增强，为改善农民工群体现状助力

新生代女性农民工自我认识的提升，还表现在她们对自己社会角色和社会责任的认知变化上，有不少女性农民工愿意加入专门的社会组织，为帮助其他外来务工人员出一份力。天津新市民工友文化服务中心就是这样一个例子。那里的工作人员里有很多女性，她们通过网站建设、微信公众号推送、微博和博客运营等方式，传播法律维权的知识，提高农民工群体的维权意识，同时通过百度贴吧等渠道与更多的外来务工人员互动，"我们会在贴吧上发一些工伤咨询的案例，基本都是因为没有合同而没有办法申请工伤，一分钱都拿不到，没有钱治病的，我们会一步一步地告诉他们这种情况下要怎么拿到赔偿金"。在这个机构工作的王女士原来也是电子厂车间的一名女工，在厌倦那里的生活之后，她学习摄影、剪辑技术，在这里制作了一部记录车间女工生活的微纪录片，不仅向社会传播了这些女工的生活现状，同时在这里实现了自己的社会价值。

（五）帮助女性建立自我认识

进入城市打工，除了增加经济收入外，城市生活让这些新生代女性农民工变得更加独立、成熟和自由，她们在经历和体验更多事情，也在学着处理复杂的人际关系，城市生活让她们增长了见识，也帮助她们结识到更多朋友……从封闭的农村到广阔的城市，在这个过程中，她们的自我认识不断觉醒，体现在职业选择、婚恋关系和生活方式等多个方面。

尽管新生代女性农民工在自我认知、自我体验和自我调节方面都有很大的进步，但这并不能抵消她们在现实生活中遇到的困境。传统性和现代性之间的矛盾，现实情况的不平等和自我认识的觉醒之间的矛盾，让她们时常感到迷茫和困难。如何改善她们的生活状况是需要思考的问题。

最后，可以从以下几个方面提供帮助。一是增加职业技能培训，为新生代女性农民工创业、就业提供更多扶持。二是健全新生代女性农民工的权益维护机制，给予她们法律援助和道义支持。三是开展公益活动，组织文娱晚会或心理讲座，为她们解决工作或生活中的困惑，帮助她们更好地适应和融入城市生活。

第六章　新生代农民工的自我表达与形象建构

> 用工人的眼睛看待社会发生的纷繁事件，并大声说出自己的看法。
>
> ——《皮村工友》栏目

本章聚焦新生代农民工中的一个特殊群体——皮村新工人中心的成员和他们运用社交媒体平台打造的微信公众号"皮村工友"。皮村，位于北京市东五环外金盏，这里聚集了将近5万名农民工。皮村聚集的这些农民工，与千千万万普通农民工一样，然而，他们坚持20多年逐渐打造出自己的文化样式，新工人艺术团、打工文化艺术博物馆、打工春晚等，都是他们文化自建的组织和形式。这些文化自建和自我赋权运动为其在城市的生存与发展建构了一种别样的文化空间，并在表达自我的同时，唤起该群体的自我认识和群体凝聚力。[①] "新工人"是他们对自己的称呼，这一称谓既是自我形象的建构，也是其集体认识的觉醒。尽管他们的声音仍然微弱，影响的范围依然有限。但是，随着近年来媒介生态趋于多元、丰富和立体，他们又尝试运用社交媒体，创建微信公众号"皮村工友"，以文学、诗歌、音乐、大地民谣等为内容，建构其公共空间，讲述打工人群鲜活的故事，用他们的才华与激情建构有别于传统农民工沉默、隐忍的新工人形象。那么，他们从哪些方面、以何种方式建构了这一群像？在媒介化生态环境中，打工群体的主体性、社会环境以

---

① 王锡苓、汪舒、苑婧：《农民工的自我赋权与影响：以北京朝阳区皮村为个案》，《现代传播》2011年第10期。

及微信公众号"皮村工友"群像建构的互动关系是怎样的？这些是本研究希望了解并探究的。

通过文献探讨可知，过往关于打工群体的研究，多从这一群体对新媒体使用的角度对其社会生活进行场景化的描述和分析，鲜有关注该群体利用自身力量建构的文化空间及其社会影响力的研究。本章尝试将媒介技术及其赋权、社会结构、人及其主体性纳入"媒介—人—社会"的分析框架中，运用文本分析的方法，对这一群体建构的微信公众号"皮村工友"进行全样本分析，探讨社交媒体（以微信公众号"皮村工友"为主体）的能动性与社会结构及媒介技术的互动和建构过程。这一分析框架对研究这一群体主体性及其建构的文化空间的影响力、和谐发展社会背景下关照边缘群体的生存具有重要的理论意义。

一　媒介化理论及相关研究

（一）媒介化理论

在媒介渗透的社会背景下，媒介化成为表征媒介重要性的概念。媒介化不仅出现在公共舆论场域，更涉及其他社会和文化机构，这些领域对媒介资源的需求日益增加，媒介以其特有的方式呈现信息、建构社会关系。

德国社会学家曼海姆于 20 世纪 30 年代提出"媒介化"的概念，后经 Krotz、Schulz 与 Hjarvard 等多位学者的阐述、运用而得以发展，并在近年来的媒介研究中受到广泛关注，引发学界有关媒介化政治、媒介化社会等方面的探讨。

夏瓦（Stig Hjarvard）认为，讨论"媒介化"制度是把握媒介和不同社会领域的结构关系的一个很好的视角，从这个角度考察媒介化有三个层次，第一，媒介化涉及媒介与其他社会领域之间关系的长期结构转型。媒介化包含社会角色之间社会交往和社会关系的新模式的制度化，其中包括媒介化传播的新模式的制度化。第二，媒介化的制度视角决定其观察社会和文化事务的中观层次，个案的历史和地理语境的不同也将使媒介化的结果大相径庭，而制度的视角可以作为一个灵活的分析框架，对个案分析的结果进行合理的概括。第三，媒介化是媒介与其他社会领域之间的一种彼此影响的过程。媒介化并不意味着媒介对其他领域进行明确的"殖民化"，而是媒介、文化和社会三者的互动以及日渐增强的相互依赖性。①

在媒体无所不在的当代社会，制度性带来两个后果，即媒体既是社会和文化机理的一部分，也是与其他社会文化和社会制度并立，并且协调它们的一个独立制度。针对这一特性，夏瓦提出媒介化概念具有二重性，即专指一种特定的历史状况，在这种历史状况下，媒体同时作为一种独立自治的和一种与其他制度运作交织在一起的社会制度。②

分析"媒介化社会"有两条路径，一条路径是"制度化"的研究传统，即将媒介形式视为一种"独立的制度化力量"，强调媒介作为社会现实框架的组成要件，这一视角致力于阐释特定情形下社会结构如何为社会交往提供所需的资源，以及社会结构如何通过能动性得以再生产和变化。第二条路径是符号互动论传统，强调主体与传播工具的过程性互动，即媒介提供新的传播手段，这也为改变人类生活方式提供了新的可能性。它的基本逻辑是社会建构的传统，即人类可以使用媒介来改变社会的建构方式，媒介是人类社会"物化"的技术装置，它包含行动者的习惯性交互反应。③ 吉登斯（Giddens）的结构化理论可以帮助人们更好地理解结构与能动的互动关系——人的能动性，不是个人自由意志的体现，社会结构也不等于个人行为的外在限制，相反，能动性和结构是彼此的使能条件（enabling conditions）。④ 因此，社会是被个人、团体和机构之间不断发生的互动建构起来的，同时，社会也建构了这些互动。赫

---

① 〔丹麦〕施蒂格·夏瓦、刘君、范伊馨：《媒介化：社会变迁中媒介的角色》，《山西大学学报》（哲学社会科学版），2015 年第 5 期。

② Hjarvard S., "The Mediatization of Society: A Theory of the Media as Agents of Social and Cultural Change," *Nordicom Review* 29 (2008): 328-354.

③ 胡翼青：《媒介化社会理论的缘起：传播学视野中的"第二个芝加哥学派"》，《新闻大学》2017 年第 6 期。

④ Giddens, *The Constitution of Society* (Cambridge: Polity, 1984).

普（Hepp）认为应该从动态情境的角度理解媒介化，媒介不仅是自立的社会机构，而且还深入其他社会机构的运作中。[①] 媒介在制度化和技术化的过程中通过传播行动产生塑造力，进而成为媒介化过程的一部分。这一过程既反映了媒介和传播的变化，也反映了文化与社会的变迁。[②] 由于媒介技术的不断更新及其在各个领域的渗透，社会、文化、媒介和政治不再是独立的子系统，而是相互依赖、相互作用的整体。在这样一种关系背景下，媒介化是一个开放且未完成的、发展式的进程。[③]

在这一新的传播生态下，网络化逻辑发生了目标转移。从传播的角度看，以往媒介逻辑的背后是取得较好的传播策略和效果，重在传播内容的表达和传递，因而本质上是一种以时间面向为主导、以传播效果为目标的单向技术逻辑；而网络化逻辑的目标已不再止于获得受众，而是帮助用户实现空间意义上关系的并置和联结，以及用户被网罗其中的主动需求，因此，网络化逻辑在很大程度上是基于日常生活的以空间面向为主导的多元实践逻辑。

以上关于媒介化的研究给予本研究一种研究思路和研究视角，即媒介化将媒介技术、人及其主体性、社会结构勾连整合，其中，媒介和人不再止于简单的使用与被使用的关系，媒介赋予人主体性及由此产生的媒介意义。与之相对，媒介成为与社会结构相融相生的一部分，裹挟于其中的人既受限于媒介技术与社会结构，又在其中生产着媒介意义。在本研究中，人及其主体性体现为"皮村工友"的运营者，将其视为新工人群体，此为本研究的基点，他们所处的目下的社会结构有两种视角，一种是与所有人共处的社会结构，具体而言是城市的社会结构。还有一种社会结构，即为皮村公众号运营者建构的组织以及所实施的社会行动。

---

① Hepp, "Mediatization and the 'Molding Force' of the Media," *Communication* 37 (2012)：1-28. Hepp, "The Communicative Figurations of Mediatized Worlds：Mediatization Research in Times of The 'Mediation of Everything'," *European Journal of Communication* 28 (2013)：615-629.

② 周翔、李镓：《网络社会中的媒介化问题：理论、实践与展望》，《国际新闻界》2017年第4期。

③ Krotz, F, "The Meta-process of 'Mediatization' as a Conceptual Frame," *Global Media & Communication* 3 (2017)：256-260.

（二）媒介赋权：网络媒介技术赋权的遍在性和连接性

Web2.0 媒体技术越来越深入地介入人们的政治、经济和文化实践。学者们逐渐认识到，传统大众媒介对社会弱势群体的再现和符号构建存在相当的局限和弊端，不一定能带来赋权的效果。黄月琴指出，传统大众媒介通常是组织化机构，有其自身的政治经济利益架构和一整套生产规程，大众媒介对弱势人群的报道受限于其运作规则和组织目标，媒介产品容易形成简单化的符号标签或过度强化，造成象征性暴力，不利于某些弱势群体的社会融入和效能感增加，反而可能带来"减权"效果。[1]然而，较之传统媒体，新媒介技术对赋权问题的深刻影响在于它的便利性、普及性和深度渗透性。它日益向中低社会阶层扩散，改变人们的日常生活模式、行为方式和社会连接方式。同时，新媒介作为一种重要的社会资源，还意味着媒介使用状况的改善和公众传播权的可得性，以及自主发声的平台和与各方力量连接的渠道。网络技术的应用使赋权功能通过用户的"选择""传播"和"创造"等互动行为得到凸显和强化，使整个赋权过程的可知感变强。

蔡文之指出，网络赋权打破了赋权的内外部界限，激发出一种关系特征，它不仅是一种由他者被动赋予到自我主动获取的能动性力量，而且能够形成一种把各种微小力量聚合起来的能力。[2] 艾晓明和卜卫认为通过新媒介技术的使用，边缘社群以主体的身份作自我叙述，从而打破主流媒体对话语权的垄断，获得内生和外生相结合的复合赋权效果，改善底层社会的生态和效能感。[3]

（三）农民工使用新媒体的已有研究

自 2007 年开始，卜卫、邱林川开始了一项题为《边缘群体与媒介赋

---

[1] 黄月琴：《新媒介技术视野下的传播与赋权研究》，《湖北大学学报》（哲学社会科学版）2016 年第 6 期。
[2] 蔡文之：《网络传播革命：权力与规制》，上海人民出版社，2011。
[3] 艾晓明、卜卫：《视觉社运：艾晓明、卜卫对谈》，《传播与社会学刊》2009 年第 10 期。

权——中国流动人口研究》的项目，探索传播实践在赋权边缘群体流动人口中的作用。在为期 6 年的调研、访谈和田野调查中，他们总结出涵盖 1.5 亿贫困线下的人口和 2.3 亿流动人口的研究经验和教训，并试图进行理论和研究领域上的建构。他们探索的"行动传播研究"强调将研究本身看作一种赋权的过程或工具，致力于在研究过程中增加研究参与者对传播与传播权利的认知和增强传播能力，追问在中国社会转型期，传播扮演了何种角色；在推动社会公正和变革中，传播如何发挥更大的作用等现实问题。

丁未在《流动的家园："攸县的哥村"社区传播与身份共同体研究》一书中将视角探向都市里村庄特有的媒介基础建设，对石厦村这一流动人口大量聚集的社区进行了一次全方位的社区传播生态分析。[1] 邱林川在《信息时代的世界工厂》一书中着眼于更宏大的政治、经济和文化视角，探讨新媒介对阶级形成的作用。[2] 此外，既有研究多聚焦于打工群体的媒介形象与媒介素养，梳理新工人阶级在主流文化视角上的媒介形象，及其在使用新媒体进行技术赋权和社会交往过程中存在的现实问题，考察"技术赋权"在社会中下层的具体反映，而对于农民工在社交媒体上自主创建的内容以及自主性方面的研究鲜有关注。[3] 因此，本研究尝试对农民工的媒介内容生产与意义建构方面进行考察和分析，这对媒介化理论的实践运用具有一定的理论贡献和现实意义。

通过对已有研究的梳理以及媒介化理论的阐述，本研究尝试将媒介技术及其赋权、社会结构、人与其主体性纳入"媒介—人—社会"的分析框架，探讨社交媒体公众号（公众号主体的能动性）与社会结构及媒介技术的互动和建构过程。

---

① 丁未：《流动的家园："攸县的哥村"社区传播与身体共同体研究》，社会科学文献出版社，2014。
② 邱林川：《信息时代的世界工厂》，广西师范大学出版社，2013。
③ 郑素侠：《农民工媒介素养现状调查与分析——基于河南省郑州市的调查》，《现代传播》2010 年第 10 期。刘丹、黄基秉：《网络化时代的技术赋权——富士康某厂区工人媒介使用状况的实证研究》，《新闻界》2016 年第 4 期。

图 6.1　访员梁姗姗进入北京皮村打
工文化艺术博物馆

图 6.2　北京皮村新工人剧场

图 6.3　北京皮村同心爱心超市

图 6.4　北京皮村工友图书馆

本研究使用文本分析法，对公号自创办之日到研究截止日（2017年12月18日）160篇推文进行全样本分析。从横向铺陈和纵向历时两个角度，对所有推文进行了分类。首先，对160篇推文逐篇阅读，根据其铺陈的所有内容进行归纳、整理，提炼出四大类10小类，建构打工群体自我文化展示和社会力量关注、加持的框架；其次，从历时角度，按照推文阅读量、点击率引发的社会影响将公众号推文划分为4个时期，体现随着时间推移，公众号如何从自我展示到借助外力扩大影响，再到推出准电子期刊栏目的文化构建过程，在一定程度上彰显了打工群体逐渐苏醒的身份自觉和文化自觉（具体分类方法详见下文）。

二　"皮村工友"的背景及其内容

（一）"皮村工友"之背景

微信公众号"皮村工友"注册于2016年8月11日，其运营团队为"工友之家社区工会"（以下简称"工友之家"），是由北京工友之家文化发展中心设立、北京市总工会朝阳区金盏乡地区工会主管的一家社区工会组织。"工友之家"致力于构建"农民工自己的文化"，立足城市"新工人"形象，倡导"劳动与尊严"的理念，利用文学小组、大地民谣歌唱、法律维权协助等形式，帮助农民工认识自我价值、塑造自我形象、维护自身权益。

皮村，坐落于北京市朝阳区金盏乡，低廉的房租和林立的工厂使这里成为北京著名的外来务工人员聚居地之一。10多年来，皮村的租户由原先以蓝领工人为主逐渐转变为以"小白领"阶层为主。出租房屋也由原先多为平房逐渐"拔高"为小高层楼房，并在醒目位置注明"有空调"。显然，这一类房屋的租价远高于没有空调的平房。"工友之家"坐落在皮村"打工文化中心"院内，主要向居住在皮村的2万多名工友提供各类文化教育培训、日常文娱活动及法律维权协助服务。打工文化艺术博物馆、"同心"图书馆、新工人剧场、"同心"互惠商店及少量乒乓球桌案等均一一坐落在"打工文化中心"院内，院内的空地是供夏季傍晚人们出来纳凉用的，当然，这个场地上也会挤满跳广场舞的女性农民工，还有围成一圈下棋的男人们。值得一提的是，皮村工会为皮村工友创建了文学小组，聘请专家、学者为其成员传授相关的知识并训练他们掌握一定的写作技能。一开始，"皮村工友"创建的目的是展示文学小组工友们撰写的文学作品。可见，技术赋予他们一种发声能力及影响力，借助社交媒介的传播，这种影响日渐广泛和深远。

（二）"皮村工友"的内容分布和特征

本课题组对"皮村工友"自创建之日到本研究截止日共 160 篇推文进行全样本分析。首先，查阅全部文本，依据推文内容对其进行初步鉴别与归纳，主要包括皮村文学、诗歌与音乐作品，皮村公共活动通告，学术文章与学者访谈以及记者报道与新闻汇编。其中每一类中均包含一定数量的文章，将这些推文依照其具体内容、文章来源以及公众号在不同时期的栏目设置与编排风格进行梳理与细分，可分为以下 10 个小类：文学作品，歌曲、朗诵节目，诗、歌汇编栏目《劳动者的诗与歌》，皮村活动讯息，博物馆众筹，学术文章，学者访谈栏目《女工故事》，记者对皮村的报道，转载自其他公众号的工友故事，新闻汇编栏目《一周工声吼》（见表 6.1）。其中，文学作品，歌曲、朗诵节目与诗、歌汇编栏目《劳动者的诗与歌》为皮村文学小组和打工艺术团创作的内容，多为自创作品。皮村活动讯息、博物馆众筹、学术文章、学者访谈栏目《女工故事》、记者对皮村的报道与转自其他公众号的工友故事是皮村文学小组引发社会广泛关注后的延伸内容，多为新闻报道、学者关注和研究皮村现象的作品。新闻汇编栏目《一周工声吼》是在一系列内在、外在社会行动之后，公众号运营者自我认识提高后设置的准电子期刊形式的栏目，反映了打工群体的身份自觉和文化自觉。

1. 皮村文学、诗歌与音乐作品

如前所述，皮村工会不仅为皮村工友组织了文学小组（成立于 2014 年 9 月 21 日），两年后，他们又创建了微信公众号"皮村工友"供文学小组成员发表习作。文学小组自成立起，每周有志愿者教师（如作家、高校或研究院所的学者）前来授课，教工友用写作记录生活，用文字表达心声。因此，文学小组成员的作品，大多记录了作者本人或身边亲友的真实经历与生命体悟，内容真挚感人。

文学作品借助社交媒体，建构新工人学习文化知识、改善知识结构的新形象，技术赋予个体能动性，吸收社交媒体的传播因素，改变了这一群体与社会其他领域的互动模式和规模，为农民工群体营造了一种新的行动场域，即书写。它带来的改变突出表现在文学小组成员范雨素的身上（后文详细说明）。

由于皮村打工自建文化肇始于孙恒"为农民工歌唱"这一艺术形式，围绕这一行动表达的意义，"皮村工友"推出大量以原创艺术为主要内容的音乐、诗歌朗诵或其他形式的视频，着意构建农民工生生不息的生命力和热爱生活的原动力。早在 2002 年 5 月 1 日，皮村打工文化创始人之一——孙恒带头成立了新工人艺术团，自创歌曲、制作唱片，目前已发行了 10 张专辑。自 2012 年始，他们还创办了每年一届的"农民工春晚"，加之著名主持人崔永元的加盟，"农民工春晚"有了更高的知名度与更大的影响力。

"皮村工友"在构建打工群体形象时，注重利用技术平台进行内部与外部的勾连，将自己的作品推送至公众号平台，经由新工人自己演唱，这些作品能最大限度调动和满足农民工的自我效能感和成就感。《劳动者的诗与歌》栏目是原创歌曲或诗歌朗诵类推文的进阶版，将工友的原创诗歌、朗诵和解读与记录农民工生活的摄影作品合编，运用固定的编排模式与风格，以相对稳定的频率推送。这是一种广受农民工欢迎的模式，表 6.1 中路亮的作品《一路有你》获得的高阅读量正说明了这一点。

表 6.1 "皮村工友"中各类型文章的推送情况

单位：篇，人次

内容类型	细分内容	篇数	代表文章	作者	阅读量	点赞量
皮村文学、诗歌与音乐作品	文学作品	81	《我是范雨素》	范雨素	1366	47
			《今夜远方的孩子，妈妈只想你》	范雨素	592	16
			《谁说微风不是风，细雨不是雨》	苑长武	458	25
	歌曲、朗诵节目	6	《一路有你》	路亮	3231	141
			《打工春晚：劳动者的诉说》	文学小组	785	16
	《劳动者的诗与歌》	7	《这一场场来路不明的雾霾》	小海	325	23
皮村公共活动通告	皮村活动讯息	32	《范雨素报道媒体说明会》	文学小组	1834	33
			《青年五月来皮村｜面向高校招募演出团队》	皮村工会	486	14
	博物馆众筹	7	《流动的四十年，请为中国农民工留下这座博物馆》	皮村工会	2013	30
			《那些年工友写下的家信日记｜打工博物馆99众筹》	皮村工会	668	14
学术文章与学者访谈	学术文章	9	《吕途：中国新工人的文化力量》	吕途	515	19
	学者访谈栏目《女工故事》	6	《1976年出生的艳霞：离婚的代价》	吕途	407	13
记者报道与新闻汇编	记者对皮村的报道	2	《皮村文学小组：当「沉默的大多数」拿起笔｜武靖雅》	武靖雅	2556	61
	转载自其他公众号的工友故事	5	《为了零事故率，沃尔玛拒绝给我报工伤（系列）》	任大姐	157	3
	《一周工声吼》	5	《殴打环卫工·病儿寻父·60万过劳死｜一周工声吼》	皮村工会与志愿者	93	11

2. 皮村公共活动通告

公众号运营者有意识地利用微信平台建构勾连农民工与社会的公共空间，他们组织并发布多种活动（如文学小组活动、新工人剧场演出、观影、讲座等）的通告信息，为组织线下活动、进行社会动员发挥着重要作用。如果说，一开始，公众号只是起着发布文学习作与信息公告的作用的话，那么，随着他们对技术的亲近娴熟以及对公众号作用的认识的不断提高，他们开始主动运用公众号，使其承担整合社会资源、进行社会动员的角色。2017 年 7 月，皮村打工艺术博物馆遭遇了一场前所未有的资金危机，皮村农民工运用公众号面向社会发起众筹，呼吁社会公众积极捐款。其中，一篇介绍打工艺术博物馆的推文阅读量高达 2013 人次，从一个侧面反映出公众号的影响力以及农民工主体性的凸显。

不难看出，社交媒体"皮村工友"通过这种特定情境下的交流，生产和再生产新的社会意义，社会结构为社会交往提供所需的资源，且通过能动性得以再生产，是行动意义的建构工具（sense-making tools）。

3. 学术文章与学者访谈

知识分子是一个社会的良知，中国的知识分子尤以"先天下之忧而忧"的理想情怀为己任。他们关注社会底层和弱势群体，为其撰文、为其发声。吕途是代表人物之一，她长年扎在皮村，用自己的观察和思考撰写了《中国新工人》三部曲，反映当下新工人群体的生存现状和困境，"皮村工友"的大量学术推文均源于吕途的著作。

如果将知识分子看作社会制度的一部分，那么，皮村知识分子的社会实践则更具有精神层面、象征性的规则和资源，揭示其意义的生产与再生产。Giddens 提出的"结构二重性"（duality of structure）理论认为，制度并非外化于社会实践，不仅具有永久的、外化的物质形态，同样也可以理解为精神层面的规则和资源。[①] 同样地，制度的产生和激活需要通过图示（cognitive schema）和象征性关系（embodied habitus）来实现，二者形塑了个体对具体情景的理解，并指导个体在社会交流中扮演的角色。

4. 记者报道与新闻汇编

这一类文章主要讲述工友工作、生活的具体事件，这些文章来源于记者的采访、学者的访谈以及从其他媒体平台转载的工友故事。2017 年 7 月 6 日和 7 日，"皮村工友"连续刊发了两篇《界面文化》杂志记者对皮村文学小组的报道，获得了较高的阅读量。

随着"皮村工友"的发展和媒体与社会公众对皮村的关注，公众号

---

① Giddens A., *The Constitution of Society* (Cambridge：Polity，1984).

逐渐形成了一些固定的栏目，《一周工声吼》（具有准电子期刊形式）是其中的固定栏目之一，且具有新闻时效性。每期由 10 条百余字的短新闻（长度在一屏以内）汇编而成，其后有《工声》作为回应，鼓励工友"用工人的眼睛看待社会发生的纷繁事件，并大声说出自己的看法"。公众号编辑号召工友将看到的新闻或身边的事在后台留言，呼吁他们用自己的观察和体会参与栏目的内容生产，唤起工友的自主认识。固定栏目《一周工声吼》已经形成一个发声和参与公共事务的场域、一个意义生产与交流的公共空间，尽管它目前声音还较微弱，也因此，尚未受到制度的限制和束缚。我们有必要通过长期观察，体察其中是否具有不同社会力量的博弈和制衡。

三 "皮村工友"的四个发展阶段

从历时性的角度，将"皮村工友"的推文类型与推文阅读量按时间走势进行梳理，制作出如图 6.5 所示的圆点—折线图。首先，笔者仔细观察几处阅读量达到峰值的时间点和推文内容，发现它们是一些重要的节点。比如，第一个时期的圈定，笔者依据的是文学小组成员范雨素的作品《我是范雨素》引起舆论反响的时间节点，这可视为公众号自建文化的第一个时期，以彰显自我主体性为特征，并得到社会广泛认可。再如，新闻记者、学者的文章推送，这些作品彰显了外部社会力量对这一群体的关注和支持，这一时期可视为社会力量的外力加持。每一时期的划分，均考虑到推文在推送密度、引起的社会反响、编排风格等方面呈现的阶段性特征（笔者将于后文分阶段详述），将"皮村工友"的发展历程大致划分为四个阶段，并结合赋权理论对这四个阶段进行分析。

（一）阶段一：文学作品展示期

如前所述，为皮村文学小组成员搭建作品展示平台，是皮村农民工创立"皮村工友"公众号的初衷和自赋使命。因此，公众号早期推文亦以文学作品展示为主，这一阶段推文阅读量的高峰指向一位名叫路亮的

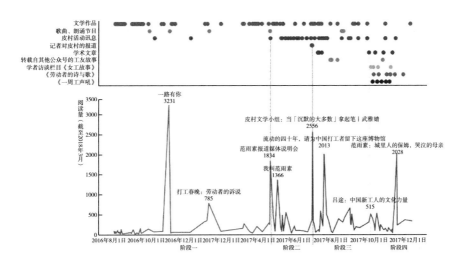

图 6.5 "皮村工友"推文数量与阅读量

说明：每个圆点代表一篇推文，不同颜色表示不同的推文类型；折线图展现了每篇推
文的阅读量。

工友的弹唱视频《一路有你》（见图 6.6）。路亮以喜闻乐见的方式——
自弹自唱，获得了热捧和肯定。这反映出社交媒体与社会现实的交互建
构。这一阶段，公众号通过推文建构了积极向上、学习、热爱生活的新
工人形象。

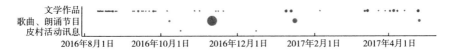

图 6.6 文学作品展示期"皮村工友"推文内容、数量与阅读量

说明：图中每个圆点代表一篇推文，圆形面积越大，代表阅读量越大。

（二）阶段二：通告密集发布期

如图 6.7 所示，这一阶段，自媒体公众号的功能有所转变，作品展
示功能部分让位于公共活动信息发布，这是媒介化过程中社会结构与能
动性相互建构最为深切的一刻。这一刻与皮村文学小组成员范雨素发表

的一篇题为《我是范雨素》的文章引发的舆论热潮有关。《我是范雨素》的开头是这样描述的，"我的生命是一本不忍卒读的书，命运把我装订得极为拙劣……"，寥寥数笔，却直抵人心，叩击心弦。范雨素淡定从容地描绘那个"我"，仿佛是一个素不相识的人。人们想知道，是什么力量让一位女性农民工如此波澜不惊。当人们得知范雨素皮村文学小组成员身份后，皮村再次受到了前所未有的关注，甚至是追捧。媒体记者、热心人士蜂拥而至，在皮村街头寻找范雨素本人，有人甚至一路追寻到她的家乡，采访她在文中一再提及的、坚强的母亲。范雨素个人的文字能力和社交媒体的相互映衬，吸引信息流迅速地集聚在皮村和文学小组，信息流蕴含的资源为"皮村工友"的运营主体清醒地认知，公众号迅速做出反应，于4月17日发出推文《范雨素报道媒体说明会》。

图 6.7　通告密集发布期"皮村工友"推文内容、数量与阅读量（2017 年）

说明：图中每个圆点代表一篇推文，圆形面积越大，代表阅读量越大。

此后，"皮村工友"编辑团队密集地推出了与皮村有关的活动通告，包括文学小组成员介绍与活动回顾，皮村工会的电影放映通知、讲座预告，新工人艺术团专辑首唱会的延期公告，以及面向高校招募演出团队的信息等。这些活动资讯主要面向皮村村民、高校学生和皮村文学与新工人艺术团的关注者与爱好者。这些活动资讯试图将皮村工友与高校学生、皮村文学关注者等社会群体进行勾连，并在一定程度上提高了皮村工友活动的影响力和知名度。目前，皮村有一定数量的、主要来自高校的志愿者。社交媒体塑造的文化形态越来越现实化和扁平化，甚至直接出现了社交媒体造就和建构的行动场域与社会场域，这又反过来扩大了公众号以及皮村农民工的影响范围。

（三）阶段三：推文来源扩充期

2017 年 7 月 6 日，"皮村工友"刊载了《界面文化》记者对皮村的报道全文，该报道源于范雨素的迅速走红，是范雨素事件的二次发酵。该文阅读量再攀高峰。此后，"皮村工友"还陆续刊登了学者思考、外国译作与其他公众号平台刊载的工友故事。这一阶段的特点是将打工文化向有深度的学术思考推进，平台除了推送工友的文学作品外，还推送了一些有思想深度的文章，包括两篇译作《我们为什么要反对资本主义》《请不要让我的儿子白白死掉》，这些文章内容有着明显的抗争与呼吁意味。推文来源扩充期"皮村工友"推文内容、数量与阅读量如图6.8所示。

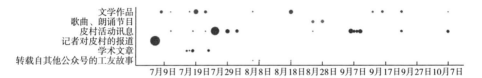

图 6.8 推文来源扩充期"皮村工友"推文内容、数量与阅读量（2017 年）

说明：图中每个圆点代表一篇推文，圆形面积越大，代表阅读量越大。

2017 年 9 月，"皮村打工文化博物馆"陷入前所未有的财务困境，"皮村工友"发挥了主体能动性，发起了"博物馆众筹"活动，围绕博物馆议题发送了系列推文，并附上珍贵的资料，内容包括博物馆介绍和参观者留言、皮村文学小组成员对打工博物馆的祝福、工友书写的家信和日记，还有学者吕途采写的 5 位女工的故事以及 30 年来农民工群体经历过的意义重大的历史事件，对打工群体的现实困境、如何自处、交流的通道等都进行了深究和拷问。

今天的社会，科技发达，物质丰盛，生产效率高。与此同时，我们大部分人充满焦虑，没有摆脱劳累，为生计疲于奔命。

城乡二元制度分野、现实生存压力的困境都迫使身处皮村的农民工和关注他们的人深深思考，生活的意义是什么？未来的出路在何方？这一时期，"皮村工友"建构出农民工主体性的觉醒与主动积极行动的形象。

（四）阶段四：常态栏目定型期

这一阶段的推文渐渐形成了常设的栏目内容、固定的编辑风格与稳定的发布周期，系列栏目包括《劳动者的诗与歌》、《一周工声吼》和《女工故事》。此时的"皮村工友"已经初步具备了电子期刊的样式。图 6.9 显示，"学术文章"的阅读量再创新高。学术文章的思想性、深刻性是其他推文不能比拟的，它扮演着唤起自我认识、引领群体行动的作用。

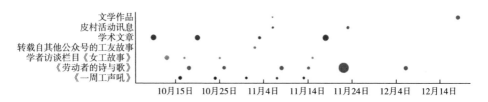

图 6.9　常态栏目定型期"皮村工友"推文内容、数量与阅读量（2017 年）

说明：图中每个圆点代表一篇推文，圆形面积越大，代表阅读量越大。

在所有栏目中，最具特色的栏目是《一周工声吼》。栏目汇总并拣选一周内发生的 10 个与工人群体相关的重要短篇新闻，内容遍及国内外，视野开阔。栏目编辑还会在每则新闻后面加上一句《工声》作为对此新闻事件的解读与回应。《一周工声吼》造就的公共空间是媒体与社会现实相互建构的结果，通过征集新闻与身边故事的方式，鼓励工友们参与内容生产并发出自己的声音，不再做"沉默的大多数"。

纵观"皮村工友"四个阶段的发展态势，具有以下特点：

第一，议题从单一到多元，主题从记录生活到对生存的深度思考。

第二，风格从单一作品到有固定栏目的"准"电子期刊样式，从文本、图片转为文字、视频、音频搭配的多样态。逐渐拥有了文首 Logo 和文末动图，形成了内容编排特色和稳定的推送周期。新工人的主体认识逐渐清晰。

第三，功能从作品展示到具有时效性的集文学、新闻、通告、学术思考等于一身的综合平台。

"皮村工友"建构的新工人形象是吸收社交媒体传播因素、超越能动性与社会结构的二分法而形成的三元结构的结果，造就了新工人群体的文化样态和公共空间。公众号建构了积极向上、劳动光荣、勇敢面对困境并付诸行动、自我思考及自主性觉醒的新工人群像。

四　自我赋权之可能

如前所述，文化与社会逐渐依赖媒介及其逻辑，媒介则融入文化和实践的不同层面。媒介技术赋权是这种社会实践的一种方式。

赋权指发展积极的自我能力认识，对周围的社会政治环境有一种批判性的、分析性的理解和认识。赋权是一种机制，通过这种机制，社区组织及其成员被动员起来，通过对话和社会行动参与社区发展。[1] 赋权最本质的特点是赋予成员管理自我、社区及相关事务的权力，并在管理和解决中与他人分享知识和技能。[2] 有关技术赋权的实证研究显示，互联网通过扩大旧有的联合准则、促进现有组织的活动并创造一种新的联合模式——虚拟社区，互联网塑造了社会组织。[3] 如前文所述，"皮村工友"建构了一种文化样态和公共空间，社区成员得以表达自身利益与诉求、开展讨论、提升自我参与社会的能力。打工博物馆筹募资金、面向社会招募志愿者、《一周工声吼》的思考和发声均是技术赋予个体能动性的体现，技术、能动性联合社会结构营造新的赋权模式。其实，在"皮村工友"公众号之前出现的打工文化中心、打工艺术博物馆等，都是他们富有创造力、自我行动、主体认识觉醒、参与社会文化建设的社会行动。[4] 以上所有社会实践，在社交媒体上进一步聚合、提升了公共空间的传播能力，具有相当明显的示范效应。

本研究借由内力、外力共同参与的过程分析皮村技术赋权情况。首

---

① 顾江霞：《自我赋权视角下的农民工社区教育》，《山西师大学报》（社会科学版）2010 年第 3 期。

② Mellkote, S. R., Steeves, H. L, *Communication for Development in the Third World：Theroy and Practices for Empowerment*（New Delhi：Sage., 2001）.

③ 郑永年：《技术赋权，中国的互联网、国家与社会》，邱道隆译，东方出版社，2014。

④ 艾晓明、卜卫：《视觉社运：艾晓明、卜卫对谈》，《传播与社会学刊》2009 年第 10 期。

先，内力是引发皮村新工人技术赋权的主要因素，皮村文化自建活动立足"新工人"，赋予他们工人阶级的历史责任感与使命感。其次，适时地借助外力，主要经由社会力量推动，比较常见的是知识分子、政治集团及其他社会力量，在这些社会力量的共同推动下，皮村农民工文化中心的影响力不断提高。表6.2展示了这种外力、内力的契合与互动。

表6.2　皮村新工人赋权的内力、外力互动走向

时期	平台成立前	阶段一	阶段一转型的"引爆点"	阶段二	阶段二转型的"引爆点"	阶段三	阶段三转型的"引爆点"	阶段四
内力	农民工文化中心成立，皮村文学小组成立，"皮村工友"公众号创立	文学小组成员写作与发表作品		"皮村工友"在"范雨素事件"后积极推广皮村的文化活动，连接高校学生、皮村文学关注者等社会群体，努力提升皮村工友活动的影响力和知名度		引入学术文章和其他来源的工友故事，强力推广博物馆系列内容并发起众筹		《一周工声吼》强势发声，《女工故事》记录历史，《劳动者的诗与歌》展示文化
外力			推文《我是范雨素》以及范雨素本人受到社会公众广泛关注		记者对皮村文学小组进行报道	学者吕途采访女工故事；知名媒体人与学者助力博物馆众筹	学者吕途撰写的《吕途：中国新工人的文化力量》等文章发表在公众号上	学者吕途记录女工故事

　　具体来看，技术赋权起始于自赋群体的自身努力。事物的发展往往是偶然中蕴含必然性，皮村再次成为社交媒体关注的焦点源自皮村文学小组成员范雨素的《我是范雨素》引发舆论热潮。如果说，自赋群体没有持续的文化内力作为支撑，那么，引爆的新闻只不过是昙花一现。皮村自建文化的内在持久力是重要的因素。它拥有自建文化的底蕴，吸引社会力量的关注和呼应。

　　社交媒体的规模聚合效应是"引爆"社交媒体"范雨素现象"的技

术保障，外在的聚焦、关注与皮村十多年耕耘自建的文化土壤——文字、音乐、诗歌、纪录片等多种形式——为社会力量思考新工人群体出路提供了反思经验，外力的帮助与内力的积累一拍即合，形成一种爆发力，让自建文化更具持久性和影响力。如果说，从一开始，皮村自建文化的发起者们付出的努力是自我赋权的话，那么，近年来，他们通过借助外力（如媒体、学者等）的关注，形成合力赋权。尤其是在博物馆资金危机阶段，通过"皮村工友"公众号和其他通道进行社会众筹，建构打工博物馆具有独特性和呼吁社会结构支持的议题。该话题立刻引起社会力量的广泛关注，多个微信公众平台和公众人物为此呐喊助力，在各自公众号上撰文支持。如在微信公众号"新工人艺术团"上，中国社科院研究员卜卫撰文《打工博物馆：不仅为了保存历史》，郭春林撰文《写在打工博物馆众筹之前》等；在《吴晓波频道》，汪涵、汪晖、梁文道、李昌平也分别发表支持观点，汪晖写道，"打工博物馆是四十年来中国劳动者伟大贡献和悲欢交织的旅程的纪念碑，是为劳动者而歌、让劳动者发声的舞台，是沟通农民工与知识青年的桥梁"。李昌平认为"皮村打工博物馆，一定是将来改革博物馆的重要组成部分，很有意义和价值"。所以，媒介的逻辑影响了公共领域中社会角色的表现，媒介是传播与交流的一项注意力资源，被嵌入社会机构，进而发挥作用。

"皮村工友"公众号的创建，已经不再是对民谣、诗歌、农民工春晚、文学作品等象征事物的简单延续，技术赋予它的权利，使其将文化的触角延伸向更广阔的社会生活，连同社会结构一起相互建构了其间的社会意义。它也是一种对权利的诉求，是城市边缘群体借此发声、参与社区事务与管理的公共空间和新的文化样态。

五 小结

互联网赋予社会边缘群体以发声、自我建构形象的权利，提高了他们参与社会事务的认识和能力，这一点对城市农民工群体具有重要的示范意义。运用微信创立的公众号——"皮村工友"借助媒介技术和边缘群体的社会现实境况，建构新工人群体"农民工自己的文化"样态和公共空间。他们作为新工人积极参与城市建设和社区文化建设。

"皮村工友"的文化实践丰富了技术赋权的理论意涵，为打工群体在制度环境中建构了发声的公共空间，使技术赋权从单一层面扩展至社会力量合力的多向面赋权，也为其主体性建构提供了可能。"媒介—人—社会"三者的互动阐释了媒介化生态为边缘群体的社会实践提供了多种路径和可能，社会结构、社会制度亦不再是约束边缘群体社会实践的"刚性"藩篱，他们可以游弋在媒介化环境中发声，尽管这种"游弋"仍有约束。媒介技术不仅提供了建构现实制度的手段，还成为技术赋权的可行途径。

作为自建文化和"皮村工友"的运营主体——皮村农民工群体，他们热切地希望融入城市文化建设，得到城市社会的广泛关注和认可，他们的社会实践也在一定程度上得到了回应。但是我们也应该注意到，回应和反馈的主体多是知识分子群体（包括学者和高校学生）以及一些来自港台的非政府组织。这意味着皮村的影响力仍然是有局限的，其构建的新工人群像仍有待于深入更广泛的社会领域中。边缘群体的发声应得到主流机构或官方的回应，这样才能发挥实际的效用，在我们具体的社会情境里尤其如此。在这一点上，皮村的社会文化实践既为我们提供了实践的样板，也为自身和社会公众提出了持续探索的可行路径。

对"皮村工友"微信公众号的主体性分析建立在公众号推文上，尽管这在一定程度可以彰显打工群体的主体性，但是若能结合对运营者的一对一深访，便能从多角度挖掘、展示他们的主体性和文化空间的构建。笔者对打工群体主体性与媒介技术、社会结构的媒介化框架进行分析，这一尝试性研究对关注和谐社会发展背景下的社会边缘群体的赋权、生存意义均具有一定的启发意义和理论探索意义。可以从深访、社会调查等经验观察角度挖掘更有深度的数据，结合文化空间分析进行更有价值的研究。

参考文献

赵志裕、温静、谭俭邦：《社会认同的基本心理历程——香港回归中国的研究范例》，《社会学研究》2005 年第 5 期。

张文宏、雷开春：《城市新移民社会融合的结构、现状与影响因素分析》，《社会学研究》2008 年第 5 期。

李明欢：《20 世纪西方国际移民理论》，《厦门大学学报》（哲学社会科学版）2000 年第 4 期。

蔡禾、曹志刚：《农民工的城市认同及其影响因素——来自珠三角的实证分析》，《中山大学学报》（社会科学版）2009 年第 1 期。

田凯：《关于农民工的城市适应性的调查分析与思考》，《社会科学研究》1995 年第 5 期。

朱力：《论农民工阶层的城市适应》，《江海学刊》2002 年第 6 期。

风笑天：《"落地生根"？——三峡农村移民的社会适应》，《社会学研究》2004 年第 5 期。

《第 37 次〈中国互联网络发展状况统计报告〉》，国家互联网信息办公室网站，2016 年 1 月 22 日，http：//www. cac. gov. cn/cnnic37/。

郑松泰：《信息主导背景下农民工的生存状态和身份认同》，《社会学研究》2010 年第 2 期。

郑欣、王悦：《新媒体赋权：新生代农民工就业信息获取研究》，《当代传播》2014 年第 2 期。

〔美〕林南：《社会资本：关于社会结构与行动的理论》，张磊译，上海人民出版社，2005。

张文宏、雷开春：《城市新移民社会认同的结构模型》，《社会学研究》2009 年第 4 期。

〔美〕玛格丽特·米德：《代沟》，曾胡译，光明日报出版社，1988。

王春光：《新生代农村流动人口的社会认同与城乡融合的关系》，《社会学研究》2001 第 3 期。

迟帅、金银：《新生代农民工群体特征研究》，《当代青年研究》2012 年第 5 期。

吴漾：《论新生代农民工的特点》，《东岳论丛》2009 年第 8 期。

刘传江：《新生代农民工的特点、挑战与市民化》，《人口研究》2010 年第 2 期。

陈曦影：《媒介"镜中我"：新生代农民工身份认同研究》，硕士学位论文，南京大学，2015。

邹英：《新生代农民工自我身份认同困境的社会学分析》，硕士学位论文，吉林大学，2007。

郭旭魁：《新生代农民工在微信同乡群中自我身份的建构》，《当代青年研究》2016 年第 2 期。

吕途：《中国新工人：希望下一代和我们不一样》，《社会科学报》2017 年 11 月 25 日。

彭兰：《社会化媒体、移动终端、大数据：影响新闻生产的新技术因素》，《新闻界》2012 年第 16 期。

田丽、胡璇：《社会化媒体概念的起源与发展》，《新闻与写作》2013 年第 9 期。

赵云泽、张意文、谢文静、俞炬昇：《"社会化媒体"还是"社交媒体"？——一组至关重要的概念的翻译和辨析》，《新闻记者》2015 年第 6 期。

贾毅：《新生代农民工媒介接触的状况与反思》，《新闻界》2012 年第 8 期。

郑素侠：《媒介使用与新生代农民工的城市融入》，《当代传播》

2012 年第 5 期。

张文宏：《中国的社会资本研究：概念、操作化测量和经验研究》，《江苏社会科学》2007 年第 3 期。

罗家德：《社会网分析讲义》，社会科学文献出版社，2012。

周宇豪：《作为社会资本的网络媒介研究》，武汉大学出版社，2014。

赵曙光：《社交媒体的使用效果：社会资本的视角》，《国际新闻界》2014 年第 7 期。

〔美〕罗伯特·帕特南：《独自打保龄：美国社区的衰落与复兴》，刘波等译，北京大学出版社，2011。

〔美〕托马斯·福特·布朗：《社会资本理论综述》，木子西编译，《马克思主义与现实》2000 年第 2 期。

中国社会科学院"当代中国人民内部矛盾研究"课题组：《城市人口的阶层认同现状及影响因素》，《中国人口科学》2004 第 5 期。

孙英春：《跨文化传播学》，北京大学出版社，2015。

〔英〕厄内斯特·盖尔纳：《民族与民族主义》，韩红译，中央编译出版社，2002。

〔美〕杰里米·里夫金：《欧洲梦》，杨治宜译，重庆出版社，2006。

李向振：《跨地域家庭模式：进城务工农民的生计选择》，《武汉大学学报》（人文科学版）2017 年第 5 期。

孙英春：《大众文化：全球传播的范式》，中国传媒大学出版社，2005。

张文宏：《中国的社会资本研究：概念、操作化测量和经验研究》，《江苏社会科学》2007 年第 3 期。

郭科：《进城农村青年社会认同问题探析》，《学理论》2017 年第 2 期。

卜卫：《试论内容分析法》，《国际新闻界》1997 年第 4 期。

丁未：《流动的家园："攸县的哥村"社区传播与身份共同体研究》，

社会科学文献出版社，2014。

艾晓明、卜卫：《视觉社运：艾晓明、卜卫对谈》，《传播与社会学刊》2009 年第 10 期。

刘丹、黄基秉：《网络化时代的技术赋权——富士康某厂区工人媒介使用状况的实证研究》，《新闻界》2016 年第 4 期。

〔丹麦〕克劳斯·布鲁恩·延森：《界定性与敏感性：媒介化理论的两种概念化方式》，曾国华、李芳芳译，《新闻与传播研究》2017 年第 1 期。

邱林川：《信息时代的世界工厂》，广西师范大学出版社，2013。

郑永年：《技术赋权：中国的互联网、国家与社会》，邱道隆译，东方出版社，2014。

郑素侠：《农民工媒介素养现状调查与分析——基于河南省郑州市的调查》，《现代传播》2010 年第 10 期。

周翔、李镓：《网络社会中的媒介化问题：理论、实践与展望》，《国际新闻界》2017 年第 4 期。

《2017 年农民工监测调查报告》，国家统计局网站，2018 年 4 月 27 日，http://www. stats. gov. cn/tjsj/zxfb/201804/t20180427_1596389. html。

胡翼青：《媒介化社会理论的缘起：传播学视野中的"第二个芝加哥学派"》，《新闻大学》2017 年第 6 期。

〔丹麦〕施蒂格·夏瓦：《媒介化：社会变迁中媒介的角色》，《山西大学学报》（哲学社会科学版）2015 年第 5 期。

顾江霞：《自我赋权视角下的农民工社区教育》，《山西师大学报》（社会科学版）2010 年第 5 期。

黄月琴：《新媒介技术视野下的传播与赋权研究》，《湖北大学学报》（哲学社会科学版）2016 年第 6 期。

蔡文之：《网络传播革命：权力与规制》，上海人民出版社，2011。

褚荣伟、熊易寒、邹怡：《农民工社会认同的决定因素研究：基于上海的实证分析》，《社会》2014 年第 4 期。

侯杰泰、温忠麟、成子娟：《结构方程模型及其应用》，教育科学出版社，2004。

〔美〕曼纽尔·卡斯特：《认同的力量》（第二版），曹荣湘译，社会科学文献出版社，2006。

袁潇：《数字边际人》，社会科学文献出版社，2019。

费孝通：《江村经济》，北京大学出版社，2012。

郑欣：《进城：传播学视野下的新生代农民工》，社会科学文献出版社，2018。

宋红岩：《中国长三角农民工网络使用与社会认同研究》，中国社会科学出版社，2019。

陈志明：《迁徙、家乡与认同——文化比较视野下的海外华人研究》，商务印书馆，2012。

Giddens, A., *The Constitution of Society* (Cambridge: Polity Press, 1984).

Mellkote, S. R., Steeves, H. L., *Communication for Development in the Third World: Theroy and Practices for Empowerment* (New Delhi: Sage, 2001).

Hepp, A., "Mediatization and the 'Molding Force' of the Media," *Communication* 1 (2012).

Hepp, A., "The Communicative Figurations of Mediatized Worlds: Mediatization Research in Times of the 'Mediation of Everything'," *European Journal of Communication* 6 (2013).

Hjarvard, S., "The Mediatization of Society: a Theory of the Media as Agents of Social and Cultural Change," *Nordicom Review* 2 (2008).

Krotz, F., "The Meta-process of 'Mediatization' as a Conceptual Frame," *Global Media and Communication* 3 (2007).

Monica Shelly ed., *Aspects of European Cultural Diversity* (London, UK: Routledge, 1995).

附　录

一　问卷部分

（一）北京卷

问卷编号：□□□□

访员姓名：_____

住址：__北京__市_____区/县_____街道/乡/镇

京津冀新生代农民工社交媒体使用与社会认同研究调查问卷

尊敬的先生、女士：

您好！我们是中国传媒大学的研究生，正在进行一项关于新生代农民工社交媒体使用与社会认同的调查研究。您的回答无所谓对错，只要真正反映您的想法就能达到调查目的。我们将对您的回答完全保密。非常感谢您抽出时间填写这份调查问卷！

Q1. 您的性别是？

（1）男　　（2）女

Q2. 您的出生年份是？（自填）

_____年

Q3. 您现在的户口状况是？

（1）农业户口　　（2）非农户口　　（3）没有户口　　（4）统一居民户口

Q4. 您的受教育程度是？

（1）未上过学　　（2）小学　　（3）初中　　（4）高中、职高、技
校、中专　　（5）大学专科　　（6）大学本科及以上

Q5. 您在城市是否有（过）连续半年以上的工作经历？（县城除外）

（1）是　　（2）否（从未有过）

Q6. 您来自哪里？（自填）

_____省_____市_____区/县

Q7. 您哪年来到本地？（自填）

_____年

Q8. 您的婚姻状况是？

（1）从未结婚　　（2）初婚有配偶　　（3）再婚有配偶

（4）离异　　（5）丧偶　　（6）同居

Q9. 您有孩子吗？

（1）0个　　（2）1个　　（3）2个　　（4）3个及以上

Q10. 您目前工作所属的行业是？（如不确定可记录具体工作内容）

（1）制造业　　（2）电力、热力、燃气及水生产和供应业

（3）建筑业　　（4）批发和零售业　　（5）交通运输、仓储和邮政业

（6）住宿和餐饮业　　（7）信息传输、软件和信息技术服务业

（8）金融业　　（9）房地产业　　（10）租赁和商业服务业

（11）科学研究和技术服务业　　（12）水利、环境和公共设施管理业

（13）居民服务、修理和其他服务业　　（14）教育

（15）卫生和社会工作　　（16）文化、体育和娱乐业

（17）公共管理、社会保障和社会组织

（18）其他（请注明）_____

Q11. 您目前的职业属于？

（1）国家机关党群组织、企事业单位负责人　　（2）专业技术人员

（3）办事人员和有关人员　　（4）商业、服务业人员

（5）生产、运输设备操作人员及有关人员

（6）其他（请注明）_____

Q12. 您的从业身份是？

（1）雇主　　（2）雇员　　（3）自雇（个体工商户和自由职业者）

Q13. 您去年一年的总收入（包括工资、奖金、补贴、小费等）是多少？（自填）

_____元

Q14. 您所在单位/公司是否为您提供下列各种保险和补贴？

1. 提供　2. 不提供　3. 不清楚　4. 不适用

（1）医疗保险	1	2	3	4
（2）养老保险	1	2	3	4
（3）失业保险	1	2	3	4
（4）工伤保险	1	2	3	4
（5）生育保险	1	2	3	4
（6）住房公积金	1	2	3	4
（7）住房补贴	1	2	3	4

Q15. 您认为什么样的人可以称为城市人？（限选三项，请按从高到低程度排序）

（1）拥有城市户口　　（2）在城市购房　　（3）在城市有稳定职业

（4）在城市有家（自己的家）　　（5）出生在城市

（6）在城市生活　　（7）会讲城市方言　　（8）享受"五险一金"

（9）其他（请注明）_____

排序：_____＞_____＞_____

Q16. 您对目前工作以下几方面的满意度如何？

1. 非常不满意　2. 比较不满意　3. 一般　4. 比较满意　5. 非常满意　6. 不适用

（1）薪水	1	2	3	4	5	6
（2）工作自主性	1	2	3	4	5	6

续表

（3）工作时长	1	2	3	4	5	6
（4）工作安全性（人身/尘肺等）	1	2	3	4	5	6
（5）单位/公司内的升迁机会	1	2	3	4	5	6
（6）对以后发展的帮助	1	2	3	4	5	6
（7）职业的社会声望	1	2	3	4	5	6
（8）与同事的关系	1	2	3	4	5	6
（9）与老板/上司的关系	1	2	3	4	5	6
（10）与下属的关系	1	2	3	4	5	6

Q17. 您认为在您所处的城市中，您在以下方面属于哪个层次？

1. 下层　2. 中下层　3. 中层　4. 中上层　5. 上层　6. 说不清

（1）个人综合经济地位	1	2	3	4	5	6
（2）收入水平	1	2	3	4	5	6
（3）消费水平	1	2	3	4	5	6

Q18. 您认为自己属于？

（1）本地人　　（2）新本地人　　（3）外地人　　（4）说不清

Q19. 您觉得在本地工作和生活，说自己家乡方言会受到歧视吗？

（1）会的　　（2）不会　　（3）不清楚

Q20. 您对本地生活工作的未来打算是？

（1）长期在此生活工作　　（2）暂时没有考虑过此问题

（3）以后考虑到其他城市　　（4）以后回到家乡

Q21. 您希望孩子将来在本地发展吗？

（1）非常想　　（2）比较想　　（3）无所谓　　（4）不太想

（5）最好不留（请说明您的理由）＿＿＿＿＿＿＿

（6）不适用（若第9题选1）

Q22. 您目前在本市的居住方式是？

（1）租住单位房　　（2）租住商品房　　（3）住在工地提供的工棚

（4）住在员工宿舍或集体宿舍　　（5）亲友家中借住　　（6）已购房

（7）其他（请注明）＿＿＿＿＿＿＿

Q23. 您目前与谁一起居住？

（1）独自居住　　（2）与亲人（配偶/亲戚/男女朋友）同住

（3）与陌生人合租　　（4）与老乡/同事/朋友同住

Q24. 您目前住所的人均面积是？（若不清楚，请具体描述住所情况）

＿＿＿＿＿＿米²/人

Q25. 您将来是否有在本市买房的打算？

（1）会考虑在本市买房　　（2）不考虑在本市买房

（3）没有考虑过买房问题　　（4）不适用（若第 22 题选 6）

Q26. 您平时使用以下社交媒体的频率是？

1. 几乎每天　2. 每周几次　3. 每月几次　4. 偶尔　5. 从不

（1）微信	1	2	3	4	5
（2）微博	1	2	3	4	5
（3）QQ	1	2	3	4	5

Q27. 您在社交媒体上做什么？（限选 3 项，请按照使用频率从高到低排序）

（1）与人聊天　　（2）浏览新闻　　（3）学习知识

（4）网上购物　　（5）找乐子，消磨时间　　（6）了解亲友近况

（7）记录和展示自己的生活　　（8）参与对社会热点问题的讨论

（9）利益受损时，通过社交媒体发声、维权

（10）其他（请注明）＿＿＿＿＿＿＿

排序：＿＿＿＿＿>＿＿＿＿＿>＿＿＿＿＿

Q28. 您的微信、QQ 好友数，以及互动情况是：

微信好友数	QQ 好友数	一周互动的微信好友数	一周互动的 QQ 好友数

Q29. 您对以下表述的同意程度是？

1. 非常不同意　2. 比较不同意　3. 说不清　4. 比较同意　5. 非常同意

（1）我不认为我是一名农民工	1	2	3	4	5
（2）我与这个城市的市民没什么区别	1	2	3	4	5
（3）这个城市无论如何繁华，和我都没什么关系	1	2	3	4	5
（4）来城市之后，我愿意保留家乡的婚丧嫁娶习俗	1	2	3	4	5
（5）我要努力工作，获得本地城市户口	1	2	3	4	5
（6）未来我会回家乡定居	1	2	3	4	5
（7）我不希望被人称呼农民工	1	2	3	4	5
（8）我会利用社交媒体平台维护自己的权益	1	2	3	4	5
（9）我的经济收入和这个城市居民差距很大	1	2	3	4	5
（10）有了社交媒体，我更安心在城市打工了	1	2	3	4	5
（11）城市人对农民工有些偏见	1	2	3	4	5
（12）办事时，街道办事处工作人员对我挺热情的	1	2	3	4	5
（13）办事时，城市中其他政府官员对我挺冷漠，甚至态度粗暴	1	2	3	4	5
（14）为农民工服务的NGO机构（非营利性组织）、工友之家等民间机构，能够帮助我们维护自己的权益	1	2	3	4	5
（15）社交媒体能够帮助我更容易在城市中找到工作	1	2	3	4	5

Q30. 与本地人的交往中，以下哪种情况与您的实际情形相符？

1. 非常不愿意　2. 比较不愿意　3. 无所谓　4. 比较愿意　5. 非常愿意　6. 说不清

（1）你是否愿意和本地人聊天？	1	2	3	4	5	6
（2）你是否愿意和本地人一起工作？	1	2	3	4	5	6
（3）你是否愿意和本地人成为邻居？	1	2	3	4	5	6
（4）你是否愿意和本地人成为亲密朋友？	1	2	3	4	5	6
（5）你是否愿意和本地人一起参与社区管理？	1	2	3	4	5	6
（6）你是否愿意和本地人通婚或结成亲戚？	1	2	3	4	5	6
（7）你觉得本地人是否愿意跟你聊天？	1	2	3	4	5	6
（8）你觉得本地人是否愿意和你一起工作？	1	2	3	4	5	6
（9）你觉得本地人是否愿意和你成为邻居？	1	2	3	4	5	6
（10）你觉得本地人是否愿意和你成为亲密朋友？	1	2	3	4	5	6
（11）你觉得本地人是否愿意和你一起参与社区管理？	1	2	3	4	5	6
（12）你觉得本地人是否愿意和你通婚或结成亲戚？	1	2	3	4	5	6

Q31. 日常生活中，您经常接触的朋友、同事、小区居民的情况是？

1. 全是本地人　2. 大部分是本地人　3. 一半一半　4. 大部分是外地人　5. 全是外地人

（1）朋友	1	2	3	4	5
（2）同事	1	2	3	4	5
（3）小区居民	1	2	3	4	5

Q32-1. 您在工作中，是否有过合法权益受损的经历？

（1）从来没有（跳答第34题）　　（2）有过几次　（3）不记得

（4）经常　（5）非常多，不能忍受

Q32-2. 如有过，请注明具体情况：＿＿＿＿＿＿＿

Q33. 如果有过上述经历，您会寻求什么渠道解决？

（限选 3 项，请按照求助顺序排序）

（1）通过新闻媒体发声，寻求帮助

（2）找老乡、亲戚、朋友帮忙

（3）找打工单位或工会反映情况

（4）向当地政府或法院寻求帮助

（5）能忍则忍，自认倒霉

（6）利用社交媒体曝光，引起众人关注后寻求解决

（7）其他（请注明）＿＿＿＿＿＿

排序：＿＿＿＿＞＿＿＿＿＞＿＿＿

Q34. 您所在的单位有过拖欠工资的情况吗？

（1）经常发生　　（2）偶尔有过，事后补发　　（3）从未有过

Q35. 您认为如何才能提高农民工的社会地位？

（限选 3 项，请按照重要程度排序）

（1）提高农民工的社会保障和福利待遇

（2）解决农民工子女的教育问题

（3）增加农民工的就业机会　　（4）提高农民工的工资水平

（5）为农民工提供法律援助　　（6）为农民工组织工会

（7）帮助解决工资拖欠问题　　（8）放开城市户籍管理

（9）增加农民工入选人大代表和政协委员的名额

（10）农民工仍拥有村委会选举的投票权利

（11）其他（请注明）＿＿＿＿＿＿

排序：＿＿＿＿＞＿＿＿＿＞＿＿＿

Q36. 当您在城市生活/工作遇到困难时，您首先想到找谁？

（寻求帮助的对象请填写如下序号，如身份有重叠，可填写例如"1+6"）

1. 同事　2. 同学　3. 领导　4. 邻居　5. 家人亲戚　6. 老乡

7. 其他（请注明）

【生活困难】

第一想到：_____；本地人（是/否）；职业/职务：_____

第二想到：_____；本地人（是/否）；职业/职务：_____

第三想到：_____；本地人（是/否）；职业/职务：_____

【工作困难】

第一想到：_____；本地人（是/否）；职业/职务：_____

第二想到：_____；本地人（是/否）；职业/职务：_____

第三想到：_____；本地人（是/否）；职业/职务：_____

Q37. 请举出您在皮村最好的五位朋友，说出他们的真实姓名。（如果他们是本地人，请在括号里画勾，至少填三个）

真实姓名（全名）	是否本地人
（1）	（　　）
（2）	（　　）
（3）	（　　）
（4）	（　　）
（5）	（　　）

Q38. 您参加过本地农民工中心举办的以下活动吗？

（请在每个活动相应的情况后画勾）

	是的	频次	没有	不知道有这些活动
（1）去同心超市购物		平均_____次/周		
（2）到社区中心跳舞、聊天、打球		平均_____次/周		
（3）到新工人剧场看演出		平均_____次/月		
（4）读《皮村报》或其他自办杂志		平均_____分钟/月		
（5）在农民工夜校学习		共参与_____次		
（6）参观打工艺术博物馆		共_____次		
（7）在工友图书馆看书		平均_____分钟/周		

（如果访谈对象是男性）最后非常感谢您接受我们的调查！送您一个小礼物！♥

女性部分：

Q39. 您在本市是否有过生育经历并且休过产假？

（1）是　（2）否（跳答第43题）

Q40. 您休了多久产假？（自填）

_____月

Q41-1. 产假期间是否正常发工资？

（1）是　（2）否

Q41-2. 产假期间工资折价，得到：_____%

Q42. 产后是否顺利返岗？

（1）是　（2）否

Q43. 目前您是否参加了为女性农民工服务的机构组织？

（1）是（请注明）_____　（2）否

Q44. 您对以下表述的同意程度是？

1. 非常不同意　2. 比较不同意　3. 说不清　4. 比较同意　5. 非常同意　6. 不适用

（1）我认为我能很好地协调照顾家庭/孩子与工作的关系	1	2	3	4	5	6
（2）女性就应该在家带孩子，挣钱是男人的事	1	2	3	4	5	6
（3）我觉得多挣钱比教育孩子更重要	1	2	3	4	5	6
（4）我出门打工是想多挣点钱，贴补老家家用	1	2	3	4	5	6
（5）我打工是为了赚取兄弟娶妻的彩礼费用	1	2	3	4	5	6
（6）我想在城里学习一门手艺，将来能在城市独立生活	1	2	3	4	5	6
（7）女人一定要嫁个有钱的丈夫	1	2	3	4	5	6

最后，感谢您接受我们的调查！送您一个小礼物！♥

被访者姓名：_____　　联系方式：_____

（二）天津卷

问卷编号：□□□□

访员姓名：_____

住址： __天津__ 市_____ 区/县_____ 街道/乡/镇

京津冀新生代农民工社交媒体使用与社会认同研究调查问卷

尊敬的先生、女士：

您好！我们是中国传媒大学的研究生，正在进行一项关于新生代农民工社交媒体使用与社会认同的调查研究。您的回答无所谓对错，只要真正反映您的想法就能达到调查目的。我们将对您的回答完全保密。非常感谢您抽出时间填写这份调查问卷！

Q1. 您的性别是？

（1）男　（2）女

Q2. 您的出生年份是？（自填）

_____年

Q3. 您现在的户口状况是？

（1）农业户口　（2）非农户口　（3）没有户口　（4）统一居民户口

Q4. 您的受教育程度是？

（1）未上过学　（2）小学　（3）初中　（4）高中、职高、技校、中专　（5）大学专科　（6）大学本科及以上

Q5. 您在城市是否有（过）连续半年以上的工作经历？（县城除外）

（1）是　（2）否（从未有过）

Q6. 您来自哪里？（自填）

_____省_____市_____区/县

Q7. 您哪年来到本地？（自填）

_____年

Q8. 您的婚姻状况是？

（1）从未结婚　（2）初婚有配偶　（3）再婚有配偶　（4）离异

（5）丧偶　（6）同居

Q9. 您有孩子吗？

（1）0个　（2）1个　（3）2个　（4）3个及以上

Q10. 您目前工作所属的行业是？（如不确定可记录具体工作内容）

（1）制造业　（2）电力、热力、燃气及水生产和供应业

（3）建筑业　（4）批发和零售业　（5）交通运输、仓储和邮政业

（6）住宿和餐饮业　（7）信息传输、软件和信息技术服务业

（8）金融业　（9）房地产业　（10）租赁和商业服务业

（11）科学研究和技术服务业　（12）水利、环境和公共设施管理业

（13）居民服务、修理和其他服务业　（14）教育

（15）卫生和社会工作　（16）文化、体育和娱乐业

（17）公共管理、社会保障和社会组织

（18）其他（请注明）_____

Q11. 您目前的职业属于？

（1）国家机关党群组织、企事业单位负责人　（2）专业技术人员

（3）办事人员和有关人员　（4）商业、服务业人员

（5）生产、运输设备操作人员及有关人员

（6）其他（请注明）_____

Q12. 您的从业身份是？

（1）雇主　（2）雇员　（3）自雇（个体工商户和自由职业者）

Q13. 您去年一年的总收入（包括工资、奖金、补贴、小费等）是多少？（自填）

_____元

Q14. 您所在单位/公司是否为您提供下列各种保险和补贴？

1. 提供　2. 不提供　3. 不清楚　4. 不适用

（1）医疗保险	1	2	3	4
（2）养老保险	1	2	3	4
（3）失业保险	1	2	3	4
（4）工伤保险	1	2	3	4
（5）生育保险	1	2	3	4
（6）住房公积金	1	2	3	4
（7）住房补贴	1	2	3	4

Q15. 您认为什么样的人可以称为城市人？（限选三项，请按从高到低程度排序）

（1）拥有城市户口 （2）在城市购房 （3）在城市有稳定职业

（4）在城市有家（自己的家） （5）出生在城市

（6）在城市生活 （7）会讲城市方言 （8）享受"五险一金"

（9）其他（请注明）＿＿＿＿＿＿＿

排序：＿＿＿＿＿＞＿＿＿＿＿＞＿＿＿＿＿

Q16. 您对目前工作以下几方面的满意度如何？

1. 非常不满意 2. 比较不满意 3. 一般 4. 比较满意 5. 非常满意 6. 不适用

（1）薪水	1	2	3	4	5	6
（2）工作自主性	1	2	3	4	5	6
（3）工作时长	1	2	3	4	5	6
（4）工作安全性（人身/尘肺等）	1	2	3	4	5	6
（5）单位/公司内的升迁机会	1	2	3	4	5	6
（6）对以后发展的帮助	1	2	3	4	5	6
（7）职业的社会声望	1	2	3	4	5	6
（8）与同事的关系	1	2	3	4	5	6
（9）与老板/上司的关系	1	2	3	4	5	6
（10）与下属的关系	1	2	3	4	5	6

Q17. 您认为在您所处的城市中，您在以下方面属于哪个层次？

1. 下层 2. 中下层 3. 中层 4. 中上层 5. 上层 6. 说不清

（1）个人综合经济地位	1	2	3	4	5	6
（2）收入水平	1	2	3	4	5	6
（3）消费水平	1	2	3	4	5	6

Q18. 您认为自己属于？

（1）本地人   （2）新本地人   （3）外地人   （4）说不清

Q19. 您觉得在本地工作和生活，说自己家乡方言会受到歧视吗？

（1）会的   （2）不会   （3）不清楚

Q20. 您对本地生活工作的未来打算是？

（1）长期在此生活工作   （2）暂时没有考虑过此问题

（3）以后考虑到其他城市   （4）以后回到家乡

Q21. 您希望孩子将来在本地发展吗？

（1）非常想   （2）比较想   （3）无所谓   （4）不太想

（5）最好不留（请说明您的理由）_____

（6）不适用（若第9题选1）

Q22. 您目前在本市的居住方式是？

（1）租住单位房   （2）租住商品房   （3）住在工地提供的工棚

（4）住在员工宿舍或集体宿舍   （5）亲友家中借住   （6）已购房

（7）其他（请注明）_____

Q23. 您目前与谁一起居住？

（1）独自居住   （2）与亲人（配偶/亲戚/男女朋友）同住

（3）与陌生人合租   （4）与老乡/同事/朋友同住

Q24. 您目前住所的人均面积是？（若不清楚，请具体描述住所情况）

_____米^2/人

Q25. 您将来是否有在本市买房的打算？

（1）会考虑在本市买房　　（2）不考虑在本市买房

（3）没有考虑过买房问题　　（4）不适用（若第 22 题选 6）

Q26. 您平时使用以下社交媒体的频率是？

1. 几乎每天　2. 每周几次　3. 每月几次　4. 偶尔　5. 从不

（1）微信	1	2	3	4	5
（2）微博	1	2	3	4	5
（3）QQ	1	2	3	4	5

Q27. 您在社交媒体上做什么？（限选 3 项，请按照使用频率从高到低排序）

（1）与人聊天　　（2）浏览新闻　　（3）学习知识

（4）网上购物　　（5）找乐子，消磨时间　　（6）了解亲友近况

（7）记录和展示自己的生活　　（8）参与对社会热点问题的讨论

（9）利益受损时，通过社交媒体发声、维权

（10）其他（请注明）_____

排序：_____ > _____ > _____

Q28. 您的微信、QQ 好友数，以及互动情况是：

微信好友数	QQ 好友数	一周互动的微信好友数	一周互动的 QQ 好友数

Q29. 您对以下表述的同意程度是？

1. 非常不同意　2. 比较不同意　3. 说不清　4. 比较同意　5. 非常同意

（1）我不认为我是一名农民工	1	2	3	4	5
（2）我与这个城市的市民没什么区别	1	2	3	4	5
（3）这个城市无论如何繁华，和我都没什么关系	1	2	3	4	5

续表

（4）来城市之后，我愿意保留家乡的婚丧嫁娶习俗	1	2	3	4	5
（5）我要努力工作，获得本地城市户口	1	2	3	4	5
（6）未来我会回家乡定居	1	2	3	4	5
（7）我不希望被人称呼农民工	1	2	3	4	5
（8）我会利用社交媒体平台维护自己的权益	1	2	3	4	5
（9）我的经济收入和这个城市居民差距很大	1	2	3	4	5
（10）有了社交媒体，我更安心在城市打工了	1	2	3	4	5
（11）城市人对农民工有些偏见	1	2	3	4	5
（12）办事时，街道办事处工作人员对我挺热情的	1	2	3	4	5
（13）办事时，城市中其他政府官员对我挺冷漠，甚至态度粗暴	1	2	3	4	5
（14）为农民工服务的 NGO 机构（非营利性组织）、工友之家等民间机构，能够帮助我们维护自己的权益	1	2	3	4	5
（15）社交媒体能够帮助我更容易在城市中找到工作	1	2	3	4	5

Q30. 与本地人的交往中，以下哪种情况与您的实际情形相符？

1. 非常不愿意　2. 比较不愿意　3. 无所谓　4. 比较愿意　5. 非常愿意　6. 说不清

（1）你是否愿意和本地人聊天？	1	2	3	4	5	6
（2）你是否愿意和本地人一起工作？	1	2	3	4	5	6
（3）你是否愿意和本地人成为邻居？	1	2	3	4	5	6
（4）你是否愿意和本地人成为亲密朋友？	1	2	3	4	5	6
（5）你是否愿意和本地人一起参与社区管理？	1	2	3	4	5	6

（6）你是否愿意和本地人通婚或结成亲戚？	1	2	3	4	5	6
（7）你觉得本地人是否愿意跟你聊天？	1	2	3	4	5	6
（8）你觉得本地人是否愿意和你一起工作？	1	2	3	4	5	6
（9）你觉得本地人是否愿意和你成为邻居？	1	2	3	4	5	6
（10）你觉得本地人是否愿意和你成为亲密朋友？	1	2	3	4	5	6
（11）你觉得本地人是否愿意和你一起参与社区管理？	1	2	3	4	5	6
（12）你觉得本地人是否愿意和你通婚或结成亲戚？	1	2	3	4	5	6

Q31. 日常生活中，您经常接触的朋友、同事、小区居民的情况是？

1. 全是本地人　2. 大部分是本地人　3. 一半一半　4. 大部分是外地人　5. 全是外地人

（1）朋友	1	2	3	4	5
（2）同事	1	2	3	4	5
（3）小区居民	1	2	3	4	5

Q32-1. 您在工作中，是否有过合法权益受损的经历？

（1）从来没有（跳答第 34 题）　（2）有过几次　（3）不记得

（4）经常　（5）非常多，不能忍受

Q32-2. 如有过，请注明具体情况：＿＿＿＿＿＿

Q33. 如果有过上述经历，您会寻求什么渠道解决？

（限选 3 项，请按照求助顺序排序）

（1）通过新闻媒体发声，寻求帮助

（2）找老乡、亲戚、朋友帮忙

（3）找打工单位或工会反映情况

（4）向当地政府或法院寻求帮助

（5）能忍则忍，自认倒霉

（6）利用社交媒体曝光，引起众人关注后寻求解决

（7）其他（请注明）＿＿＿＿＿＿＿＿

排序：＿＿＿＿＿＿＞＿＿＿＿＿＞＿＿＿＿

Q34. 您所在的单位有过拖欠工资的情况吗？

（1）经常发生　　（2）偶尔有过，事后补发　　（3）从未有过

Q35. 您认为如何才能提高农民工的社会地位？

（限选 3 项，请按照重要程度排序）

（1）提高农民工的社会保障和福利待遇

（2）解决农民工子女的教育问题　　（3）增加农民工的就业机会

（4）提高农民工的工资水平　　（5）为农民工提供法律援助

（6）为农民工组织工会　　（7）帮助解决工资拖欠问题

（8）放开城市户籍管理

（9）增加农民工入选人大代表和政协委员的名额

（10）农民工仍拥有村委会选举的投票权利

（11）其他（请注明）＿＿＿＿＿＿＿＿

排序：＿＿＿＿＿＿＞＿＿＿＿＿＞＿＿＿＿

Q36. 当您在城市生活/工作遇到困难时，您首先想到找谁？

（寻求帮助的对象请填写如下序号，如身份有重叠，可填写例如"1+6"）

1. 同事　2. 同学　3. 领导　4. 邻居　5. 家人亲戚　6. 老乡

7. 其他（请注明）

【生活困难】

第一想到：＿＿＿＿＿＿；本地人（是/否）；职业/职务：＿＿＿＿＿＿＿

第二想到：＿＿＿＿＿＿；本地人（是/否）；职业/职务：＿＿＿＿＿＿＿

第三想到：＿＿＿＿＿＿；本地人（是/否）；职业/职务：＿＿＿＿＿＿＿

【工作困难】

第一想到：＿＿＿＿＿＿；本地人（是/否）；职业/职务：＿＿＿＿＿＿＿

第二想到：＿＿＿＿＿＿；本地人（是/否）；职业/职务：＿＿＿＿＿＿＿

第三想到：_____；本地人（是/否）；职业/职务：_____

Q37. 请举出您在新市民工友文化服务中心最好的五位朋友，说出他们的真实姓名。（如果他们是本地人，请在括号里画勾，至少填三个）

真实姓名（全名）	是否本地人
（1）	（　）
（2）	（　）
（3）	（　）
（4）	（　）
（5）	（　）

Q38. 您在新市民工友文化服务中心是否有参加过以下活动？

（请在每个活动相应的情况后画勾）

	是的	频次	没有	不知道有这些活动
（1）寻求法律援助		共_____次		
（2）接受法律知识普及		平均_____次/月		
（3）参加新希望电脑培训课程		平均_____次/月		
（4）学习乐器/舞蹈等文艺课程		平均_____次/月		
（5）在新市民公益书屋看书/借阅		平均_____次/月		
（6）观看中心组织放映的电影		参加_____次/年		
（7）参与文艺节目演出		参加_____次/年		
（8）观看文艺节目演出		参加_____次/年		
（9）参加中心组织的外出游玩活动		参加_____次/年		

（如果访谈对象是男性）最后，感谢您接受我们的调查！送您一个小礼物！♥

女性部分：

Q39. 您在本市是否有过生育经历并且休过产假？

（1）是　（2）否（跳答第 43 题）

Q40. 您休了多久产假？（自填）

_____月

Q41-1. 产假期间是否正常发工资？

（1）是　　（2）否

Q41-2. 产假期间工资折价，得到：_____%

Q42. 产后是否顺利返岗？

（1）是　　（2）否

Q43. 目前您是否参加了为女性农民工服务的机构组织？

（1）是（请注明）_____　　（2）否

Q44. 您对以下表述的同意程度是？

1. 非常不同意 2. 比较不同意 3. 说不清 4. 比较同意 5. 非常同意
6. 不适用

（1）我认为我能很好地协调照顾家庭/孩子与工作的关系	1	2	3	4	5	6
（2）女性就应该在家带孩子，挣钱是男人的事	1	2	3	4	5	6
（3）我觉得多挣钱比教育孩子更重要	1	2	3	4	5	6
（4）我出门打工是想多挣点钱，贴补老家家用	1	2	3	4	5	6
（5）我打工是为了赚取兄弟娶妻的彩礼费用	1	2	3	4	5	6
（6）我想在城里学习一门手艺，将来能在城市独立生活	1	2	3	4	5	6
（7）女人一定要嫁个有钱的丈夫	1	2	3	4	5	6

最后，感谢您接受我们的调查！送您一个小礼物！♥

被访者姓名：_____　　联系方式：_____

（三）石家庄卷

问卷编号：□□□□

访员姓名：_____

住址：_____市_____区/县_____街道/乡/镇

京津冀新生代农民工社交媒体使用与社会认同研究调查问卷

尊敬的先生、女士：

您好！我们是中国传媒大学的研究生，正在进行一项关于新生代农民工社交媒体使用与社会认同的调查研究。您的回答无所谓对错，只要真正反映您的想法就能达到调查目的。我们将对您的回答完全保密。非常感谢您抽出时间填写这份调查问卷！

Q1. 您的性别是？

（1）男　　（2）女

Q2. 您的出生年份是？（自填）

_____年

Q3. 您现在的户口状况是？

（1）农业户口　　（2）非农户口　　（3）没有户口　　（4）统一居民户口

Q4. 您的受教育程度是？

（1）未上过学　　（2）小学　　（3）初中　　（4）高中、职高、技校、中专　　（5）大学专科　　（6）大学本科及以上

Q5. 您在城市是否有（过）连续半年以上的工作经历？（县城除外）

（1）是　　（2）否（从未有过）

Q6. 您来自哪里？（自填）

_____省_____市_____区/县

Q7. 您哪年来到本地？（自填）

_____年

Q8. 您的婚姻状况是？

（1）从未结婚　（2）初婚有配偶　（3）再婚有配偶　（4）离异

（5）丧偶　（6）同居

Q9. 您有孩子吗？

（1）0个　（2）1个　（3）2个　（4）3个及以上

Q10. 您目前工作所属的行业是？（如不确定可记录具体工作内容）

（1）制造业　（2）电力、热力、燃气及水生产和供应业

（3）建筑业　（4）批发和零售业　（5）交通运输、仓储和邮政业

（6）住宿和餐饮业　（7）信息传输、软件和信息技术服务业

（8）金融业　（9）房地产业　（10）租赁和商业服务业

（11）科学研究和技术服务业

（12）水利、环境和公共设施管理业

（13）居民服务、修理和其他服务业

（14）教育　（15）卫生和社会工作　（16）文化、体育和娱乐业

（17）公共管理、社会保障和社会组织

（18）其他（请注明）_____

Q11. 您目前的职业属于？

（1）国家机关党群组织、企事业单位负责人　（2）专业技术人员

（3）办事人员和有关人员　（4）商业、服务业人员

（5）生产、运输设备操作人员及有关人员

（6）其他（请注明）_____

Q12. 您的从业身份是？

（1）雇主　（2）雇员　（3）自雇（个体工商户和自由职业者）

Q13. 您去年一年的总收入（包括工资、奖金、补贴、小费等）是多少？（自填）

_____元

Q14. 您所在单位/公司是否为您提供下列各种保险和补贴？

1. 提供　2. 不提供　3. 不清楚　4. 不适用

（1）医疗保险	1	2	3	4
（2）养老保险	1	2	3	4
（3）失业保险	1	2	3	4
（4）工伤保险	1	2	3	4
（5）生育保险	1	2	3	4
（6）住房公积金	1	2	3	4
（7）住房补贴	1	2	3	4

Q15. 您认为什么样的人可以称为城市人？（限选三项，请按从高到低程度排序）

（1）拥有城市户口　　（2）在城市购房　　（3）在城市有稳定职业

（4）在城市有家（自己的家）　　（5）出生在城市

（6）在城市生活　　（7）会讲城市方言　　（8）享受"五险一金"

（9）其他（请注明）＿＿＿＿＿＿＿

排序：＿＿＿＿＞＿＿＿＿＞＿＿＿＿

Q16. 您对目前工作以下几方面的满意度如何？

1. 非常不满意　2. 比较不满意　3. 一般　4. 比较满意　5. 非常满意　6. 不适用

（1）薪水	1	2	3	4	5	6
（2）工作自主性	1	2	3	4	5	6
（3）工作时长	1	2	3	4	5	6
（4）工作安全性（人身/尘肺等）	1	2	3	4	5	6
（5）单位/公司内的升迁机会	1	2	3	4	5	6
（6）对以后发展的帮助	1	2	3	4	5	6
（7）职业的社会声望	1	2	3	4	5	6
（8）与同事的关系	1	2	3	4	5	6

（9）与老板/上司的关系	1	2	3	4	5	6
（10）与下属的关系	1	2	3	4	5	6

Q17. 您认为在您所处的城市中，您在以下方面属于哪个层次？

1. 下层　2. 中下层　3. 中层　4. 中上层　5. 上层　6. 说不清

（1）个人综合经济地位	1	2	3	4	5	6
（2）收入水平	1	2	3	4	5	6
（3）消费水平	1	2	3	4	5	6

Q18. 您认为自己属于？

（1）本地人　　（2）新本地人　　（3）外地人　　（4）说不清

Q19. 您觉得在本地工作和生活，说自己家乡方言会受到歧视吗？

（1）会的　　（2）不会　　（3）不清楚

Q20. 您对本地生活工作的未来打算是？

（1）长期在此生活工作　　（2）暂时没有考虑过此问题

（3）以后考虑到其他城市　　（4）以后回到家乡

Q21. 您希望孩子将来在本地发展吗？

（1）非常想　　（2）比较想　　（3）无所谓　　（4）不太想

（5）最好不留（请说明您的理由）＿＿＿＿＿＿

（6）不适用（若第9题选1）

Q22. 您目前在本市的居住方式是？

（1）租住单位房　　（2）租住商品房　　（3）住在工地提供的工棚

（4）住在员工宿舍或集体宿舍　　（5）亲友家中借住　　（6）已购房

（7）其他（请注明）＿＿＿＿＿＿

Q23. 您目前与谁一起居住？

（1）独自居住　　（2）与亲人（配偶/亲戚/男女朋友）同住

（3）与陌生人合租　　（4）与老乡/同事/朋友同住

Q24. 您目前住所的人均面积是？（若不清楚，请具体描述住所情况）

_____米²/人

Q25. 您将来是否有在本市买房的打算？

（1）会考虑在本市买房 （2）不考虑在本市买房

（3）没有考虑过买房问题 （4）不适用（若第22题选6）

Q26. 您平时使用以下社交媒体的频率是？

1. 几乎每天 2. 每周几次 3. 每月几次 4. 偶尔 5. 从不

（1）微信	1	2	3	4	5
（2）微博	1	2	3	4	5
（3）QQ	1	2	3	4	5

Q27. 您在社交媒体上做什么？（限选3项，请按照使用频率从高到低排序）

（1）与人聊天 （2）浏览新闻 （3）学习知识

（4）网上购物 （5）找乐子，消磨时间 （6）了解亲友近况

（7）记录和展示自己的生活 （8）参与对社会热点问题的讨论

（9）利益受损时，通过社交媒体发声、维权

（10）其他（请注明）_____

排序：_____＞_____＞_____

Q28. 您的微信、QQ好友数，以及互动情况是：

微信好友数	QQ好友数	一周互动的微信好友数	一周互动的QQ好友数

Q29. 您对以下表述的同意程度是？

1. 非常不同意 2. 比较不同意 3. 说不清 4. 比较同意 5. 非常同意

（1）我不认为我是一名农民工	1	2	3	4	5
（2）我与这个城市的市民没什么区别	1	2	3	4	5

（3）这个城市无论如何繁华，和我都没什么关系	1	2	3	4	5
（4）来城市之后，我愿意保留家乡的婚丧嫁娶习俗	1	2	3	4	5
（5）我要努力工作，获得本地城市户口	1	2	3	4	5
（6）未来我会回家乡定居	1	2	3	4	5
（7）我不希望被人称呼农民工	1	2	3	4	5
（8）我会利用社交媒体平台维护自己的权益	1	2	3	4	5
（9）我的经济收入和这个城市居民差距很大	1	2	3	4	5
（10）有了社交媒体，我更安心在城市打工了	1	2	3	4	5
（11）城市人对农民工有些偏见	1	2	3	4	5
（12）办事时，街道办事处工作人员对我挺热情的	1	2	3	4	5
（13）办事时，城市中其他政府官员对我挺冷漠，甚至态度粗暴	1	2	3	4	5
（14）为农民工服务的 NGO 机构（非营利性组织）、工友之家等民间机构，能够帮助我们维护自己的权益	1	2	3	4	5
（15）社交媒体能够帮助我更容易在城市中找到工作	1	2	3	4	5

Q30. 与本地人的交往中，以下哪种情况与您的实际情形相符？

1. 非常不愿意　2. 比较不愿意　3. 无所谓　4. 比较愿意　5. 非常愿意　6. 说不清

（1）你是否愿意和本地人聊天？	1	2	3	4	5	6
（2）你是否愿意和本地人一起工作？	1	2	3	4	5	6
（3）你是否愿意和本地人成为邻居？	1	2	3	4	5	6
（4）你是否愿意和本地人成为亲密朋友？	1	2	3	4	5	6
（5）你是否愿意和本地人一起参与社区管理？	1	2	3	4	5	6

(6) 你是否愿意和本地人通婚或结成亲戚？	1	2	3	4	5	6
(7) 你觉得本地人是否愿意跟你聊天？	1	2	3	4	5	6
(8) 你觉得本地人是否愿意和你一起工作？	1	2	3	4	5	6
(9) 你觉得本地人是否愿意和你成为邻居？	1	2	3	4	5	6
(10) 你觉得本地人是否愿意和你成为亲密朋友？	1	2	3	4	5	6
(11) 你觉得本地人是否愿意和你一起参与社区管理？	1	2	3	4	5	6
(12) 你觉得本地人是否愿意和你通婚或结成亲戚？	1	2	3	4	5	6

Q31. 日常生活中，您经常接触的朋友、同事、小区居民的情况是？

1. 全是本地人　2. 大部分是本地人　3. 一半一半　4. 大部分是外地人　5. 全是外地人

(1) 朋友	1	2	3	4	5
(2) 同事	1	2	3	4	5
(3) 小区居民	1	2	3	4	5

Q32-1. 您在工作中，是否有过合法权益受损的经历？

(1) 从来没有（跳答第 34 题）　　(2) 有过几次　(3) 不记得

(4) 经常　(5) 非常多，不能忍受

Q32-2. 如有过，请注明具体情况：＿＿＿＿＿＿

Q33. 如果有过上述经历，您会寻求什么渠道解决？

（限选 3 项，请按照求助顺序排序）

(1) 通过新闻媒体发声，寻求帮助　(2) 找老乡、亲戚、朋友帮忙

(3) 找打工单位或工会反映情况　(4) 向当地政府或法院寻求帮助

（5）能忍则忍，自认倒霉

（6）利用社交媒体曝光，引起众人关注后寻求解决

（7）其他（请注明）＿＿＿＿＿＿＿＿

排序：＿＿＿＿＿＿＞＿＿＿＿＿＞＿＿＿＿＿

Q34. 您所在的单位有过拖欠工资的情况吗？

（1）经常发生　　（2）偶尔有过，事后补发　　（3）从未有过

Q35. 您认为如何才能提高农民工的社会地位？

（限选 3 项，请按照重要程度排序）

（1）提高农民工的社会保障和福利待遇

（2）解决农民工子女的教育问题　　（3）增加农民工的就业机会

（4）提高农民工的工资水平　　（5）为农民工提供法律援助

（6）为农民工组织工会　　（7）帮助解决工资拖欠问题

（8）放开城市户籍管理

（9）增加农民工入选人大代表和政协委员的名额

（10）农民工仍拥有村委会选举的投票权利

（11）其他（请注明）＿＿＿＿＿＿＿＿

排序：＿＿＿＿＿＿＞＿＿＿＿＿＞＿＿＿＿＿

Q36. 当您在城市生活/工作遇到困难时，您首先想到找谁？

（寻求帮助的对象请填写如下序号，如身份有重叠，可填写例如"1
+6"）

1. 同事　2. 同学　3. 领导　4. 邻居　5. 家人亲戚　6. 老乡　7. 其他（请注明）

【生活困难】

第一想到：＿＿＿＿＿＿；本地人（是/否）；职业/职务：＿＿＿＿＿＿＿＿

第二想到：＿＿＿＿＿＿；本地人（是/否）；职业/职务：＿＿＿＿＿＿＿＿

第三想到：＿＿＿＿＿＿；本地人（是/否）；职业/职务：＿＿＿＿＿＿＿＿

【工作困难】

第一想到：＿＿＿＿＿＿；本地人（是/否）；职业/职务：＿＿＿＿＿＿＿＿